女性素质教育系列读本

社会性别教育

主编　金沙曼

参编　王庆昱　潘迎丽　房宁　马帆

　　　付成程　郭亚丽　董蕾

西安电子科技大学出版社

内 容 简 介

  本书以大学生较为关注、与大学生成长与发展密切相关的女性/性别问题为主要内容，以《中国妇女发展纲要（2011—2020 年）》提出的促进妇女发展的重要领域为主要依据，紧密结合全面建成小康社会和贯彻落实"男女平等基本国策"实践，从大学生发展需要的角度设计编写。

  本书内容包括：大学生与社会性别、社会性别与文化、社会性别与法律、社会性别与健康、社会性别与职业发展、社会性别与政治参与、社会性别与可持续发展。每章由导读、基本理论、学习思考题、案例链接四部分组成。

  本书编写突出理论与实际的结合、大学生成长与社会环境变迁的结合、女性素质提高与性别平等进程的结合，注重启发式、讨论式、互动式的案例教学法，结合课堂答疑，通过理论学习和案例分析完成教学，可作为教师教学和学生自学用书。

前　　言

男女平等是我国基本国策之一。由于受传统性别观念的深刻影响，社会性别不公、男女不平等问题仍是我国实现富强、民主、文明、和谐"中国梦"的障碍之一。大学时期是一个人形成性别平等价值观，养成男女相互尊重理性态度的重要时期。以女大学生"自尊"、"自信"、"自立"、"自强"为核心内容的女性/性别教育，在应用技术型女性人才培养中有特殊意义。西安培华学院前身——西安培华女子大学，是1984年成立的国内首家专门开展女性教育的普通高校，有着悠久的女性教育传统和丰富的女性教育经验。2010年培华学院设立了女子学院，招收女子班，开设女性教育特色课程，开展丰富多彩的女性教育活动，培养具有优良传统美德和时代精神的高素质应用型女性人才，取得较好效果。

"社会性别教育"是女子学院设置的一门重要的基础课程，是面向全校本、专科学生(包括女生和男生)的公共选修课程之一，也是女性教育的核心课程之一。本课程运用当代推进性别平等与可持续发展的最新理论、方法和视角——社会性别和社会性别主流化，培养和提高大学生人文素质和实践能力。

本课程的目标，是引导大学生树立性别平等意识，培养建立男女之间新型伙伴关系的信心，提升面对个人发展中遇到性别歧视问题时进行妥善处理的能力，正确对待关于性别问题的社会热点难点问题。

本教材的编写，以十八大精神为指导。十八大把男女平等基本国策写入报告，强调"坚持男女平等基本国策，保障妇女儿童合法权益"，虽然只有20个字，但却具有划时代的意义，不仅继承了中国共产党高度重视妇女的重要地位和作用的一贯思想和传统，更体现了在全面建成小康社会的进程中，执政党的一种施政方向与理念。加强妇女理论研究和高等学校女性学学科建设，是贯彻落实科学发展观，从"无性别意识教育"到"有性别意识教育"，从"应试教育"向"素质教育"转变过程中的重要途径和方法。

本教材设计的主要依据，是指导我国未来妇女发展的行动纲领。国务院颁布的《中国妇女发展纲要(2011—2020年)》，针对妇女发展中的健康、教育、经济、决策和管理、社会保障、环境、法律七个领域，明确了面向世界、面向未来我国妇女发展的总目标。本教材结合高等院校女性/性别教育特点，设计具体专题，通过传播中华优秀传统文化、当代先进性别文化，培养内外兼修的应用型女性人才，培养适应社会发展要求的合格人才。

在本教材的编写中，我们注重突出当代大学生关注的、与大学生成长密切相关的女性/性别问题，从理论与实际的结合上予以阐述；把大学生在成长发展中遇到的女性/性别方面的困惑问题，放在社会环境变迁大背景下，从主客观统一的要求上进行阐释；对大学生关心的问题，从男女平等基本国策和顺应时代发展潮流，从女性素质提高与性别平等进程的结合上进行探讨。本教材精选21个学习与思考题、24个案例，注重启发式、讨论式、互动式的案例教学法，结合课堂答疑，通过理论学习和案例分析完成教学。本教材可作为教师教学和学生自学教材。

参加本教材编写的同志有：金沙曼(编写第一章)、房宁(编写第二章)、王庆昱(编写第三章)、付成程(编写第四章)、潘迎丽(编写第五章)、马帆(编写第六章)、董蕾(编写第七章)、郭亚丽(编写附录)。全书由金沙曼负责统稿。

本教材在编写过程中得到有关领导、同仁、朋友的鼓励、帮助和支持，在此一并表示感谢。由于编者水平有限，教材难免存在疏漏和不足之处，恳请读者批评指正。

编 者

2014年9月

目　　录

大学生与社会性别

● ●

　　和着时代跳动的脉搏，一批批洋溢着激情、怀揣着梦想、满怀着期待的莘莘学子经过多年的奋斗和历练，如愿以偿地跨入大学的校门。在这个充满激情和梦想的大学舞台上，在这个摆不脱困惑与迷茫的人生阶段，他们必须树立正确的人生观、价值观，审时度势，把握好自己的今天，为未来奠定坚实的基础；他们必须面对时代和人生的机遇与挑战，把握好梦想与现实的关系，满怀激情，努力探索，拼搏进步。

　　时代在前进，社会在发展。大学生成长与女性／性别教育有着什么样的内在联系？ 21 世纪人类对性别平等的追求有什么新趋势、新变化？有人说大学生自己努力学习，取得好成绩，找份好工作，谦和礼让，敬老爱幼，做个好人，与世无争，这不是很好吗，为什么还要树立社会性别意识？本章从多层次、多视角探讨和回答了这些问题。

　　生命对于每个人来说都只有一次。一个人活在世界上总得有所追求，使得自己的一生过得有意义。随着当今世界多极化和经济全球化的发展，科技进步日新月异，综合国力竞争日趋激烈。当代青年人，要努力成为理想远大、信念坚定的新一代，品德高尚、意志顽强的新一代，视野开阔、知识丰富的新一代，开拓进取、艰苦创业的新一代，让青春在建设中国特色社会主义的伟大事业中焕发出更加绚丽的光彩。

一、当代大学生的人生追求与性别教育

大学是人生历程中新的一页，是人生道路上新的起点、新的台阶、新的舞台，是漫长的人生长河中最光彩而难忘的一串浪花。人生的希望在这里奠基，幸福的生活在这里开拓，事业的风帆将在这里启航。

1. 人的一生是一个发展过程

人的一生，统共就做人、做事两件事。时代不同，人和事的内涵不同，所需要的能力不同，但有些能力是恒古不变、人类永续发展所必需的基本能力。职业发展与家庭建设，这两个看似毫不相干的问题，在每一个人面前，却是事关幸福并与之分不开的事，需要我们全面提升能力素质，解决好恒古不变与变通、永续发展与现实带给我们的困扰和纠结。

每一代人，生命的历程不同，生活的环境不同，个人的机缘不同，我们无法决定自己什么时候来到这个世界，是男还是女，无法决定是生长在偏僻的农村还是繁华的城市，无法决定处于什么世道和身价。人，生下来就得活着。不仅要自己活着，还承担着繁衍生命的义务。在生命的历程中需要事业和家庭。事业和家庭的双赢又是每一个人的骄傲。这种骄傲，来自对事业和家庭本源的认识，对事业和家庭关系的理解，对事业和家庭矛盾的处理，对事业和家庭和谐的把握。说到底，生命的精彩需要我们不断加强修养，提高一种必备能力，使职业发展与幸福家庭建设相辅相成、相得益彰。

一个人活在世界上总得有所追求，使得自己的一生过得有意义。没有追求、浑浑噩噩的人生是毫无意义的；贪图享乐、追求低级趣味的人生是毫无益处的；唯利是图、损人利己的人生是危害极大的。爱因斯坦说过："一个人的价值应当看他贡献什么，而不应当看他取得什么。"俄国著名文学家果戈理则说："如果有一天，我能够对我们的公共利益有所贡献，我就会认为自己是最幸福的人了。"当代大学生作为一个朝气蓬勃，奋发有为，具有年龄、知识、能力等方面优势的活跃群体，不但应该有所追求，而且应该有高层次的追求。只有将自己的人生目标和价值追求与国家和社会的需求统一起来，才能使自己的人生价值得到实现和提升。

2. 青年学生人生追求中的必修课题

青年是祖国的未来、民族的希望。我们党历来高度重视、关心和爱护青年，始终认为青年是社会上最有朝气、最富活力、最具创造性的群体。青年兴则国家兴，青年强则国家强，青年一代的健康成长和不断进步始终是党和人民事业兴旺发达的最大希望之所在。"五四"运动以来，在我国革命、建设和改革的各个历史时期，一代又一代青年在党的领导下，为争取民族独立和人民解放，为实现国家富强和人民幸福，进行了不懈奋斗，发挥了重大作用，作出了卓越贡献。历史一再表明，青年是推动我国社会发展进步的一支非常重要的力量。

全面建设小康社会正处在新的历史起点上，我国改革发展正处在关键阶段。构建和谐社会是中国特色社会主义的本质属性，是贯穿中国特色社会主义事业全过程的长期历史任务，是在发展的基础上正确处理各种社会矛盾的历史过程和社会结果。其中，男女两性和谐发展，是社会和谐的基础、以人为本的体现。在实现全面小康奋斗目标的历史进程中，推进性别平等必然成为和谐社会建设的重要内容。作为一项社会系统工程，必须坚持以科学发展观为指导，积极倡导先进性别文化，把男女平等协调发展纳入统筹发展的全过程，进一步缩小男女两性在一些方面的发展差距，进一步促进妇女与经济社会的同步发展，为社会主义和谐社会的建设提供不竭动力。

建立"和谐伙伴关系"，是男女两性共同追求的目标。在历史的长河中，男人和女人之间各种业已存在的关系——从属关系、依附关系、强弱关系和内外关系，究其根源，都是与当时社会生产力与生产关系、经济基础与上层建筑矛盾运动相适应，维护那个社会、推动那个社会、或进步、或倒退的一种标志。人类面向 21 世纪，为了应对全球的主要发展挑战，实现可持续发展，"以男女平等为基础的崭新合作关系是以人为中心的可持续发展的一项条件"已经成为国际共识，建立"和谐伙伴关系"，是和平发展时代男女两性在现实发展中唯一正确的关系体现。正如联合国秘书长潘基文指出的："真正意义上的社会性别平等应该是 21 世纪我们共有的财富。"

3. 从"无性别意识教育"到"有性别意识教育"

百年大计，教育为本。教育是民族振兴、社会进步的基石，是提高国民素质、促进人的全面发展的根本途径，寄托着亿万家庭对美好生活的期盼。立足于我国实现现代化的需求，从我国教育的实际出发，办出具有中国特色、中国风格、中国气派的现代化教育，就要瞄准世界教育发展变革的前沿，借鉴世界先进的教育理念和教育经验，紧密结合我国教育实际，按照教育发展的规律办事。

我国高等教育在经济全球化和教育国际化等大背景下，紧跟世界潮流，取得了飞速发展。《国家中长期教育改革和发展规划纲要

(2010—2020 年)》把促进公平作为基本教育政策。教育公平是社会公平的重要基础,其关键是机会公平。教育公平的主要责任在政府,全社会要共同促进教育公平,推动教育事业在新的历史起点上科学发展。

从"无性别意识教育"到"有性别意识教育",是实现教育公平,从"应试教育"向"素质教育"转变过程中的重要途径和方法。国家要求进一步去除高等教育中的性别偏见,确保妇女参与高等教育的机会。《中国妇女发展纲要(2011—2020 年)》进一步明确"平等享有受教育的权利和机会,受教育程度持续提高"是总目标之一。主要目标有:"教育工作全面贯彻性别平等原则"、"高等学校女性学课程普及程度提高"、"性别平等原则和理念在各级各类教育课程标准及教学过程中得到充分体现"等。策略措施包括:"加强妇女理论研究和高等学校女性学学科建设"、"实施教育内容和教育过程性别评估"、"提高教育工作者的社会性别意识"等。

二、21 世纪人类对性别平等的追求

世界正在发生着广泛而深刻的变化,世界各民族无论大小都对世界文明进步做出过自己的贡献。中国应该对世界和平与发展做出自己更大的贡献,其中,大学生担负着特殊的使命。我国当代大学生应树立全球意识,学习先进理念,掌握科学技术,促进人与人、人与自然的和谐发展,将为世界和平与发展做出贡献作为自己又一项历史使命。

1. 国际社会应对世纪发展挑战的千年公约

促进男女平等发展是时代潮流,是实现经济发展、社会进步和世界和谐的历史趋势，而通过教育赋权女性是实现男女平等的关键已是各国共识。

1995 年 9 月在北京召开的联合国第四次世界妇女大会通过的《行动纲领》，既是出席会议的 189 个国家行动的指南，也是衡量标准。文件指出：投资于女孩和妇女的正规和非正规教育和培训，其社会效益和经济效益特别高，已证明是实现可持续发展以及可持续的经济增长的最佳手段之一。

1998 年 10 月联合国教科文组织在巴黎召开了首次世界高等教育大会。大会通过了《21 世纪高等教育世界宣言：展望与行动》，阐明了高等教育的使命和作用，以及关于高等教育的新的设想和行动。如第八条的内容是："增强妇女的认证和参与：虽然在提高妇女接受高等教育方面已取得显著的进步，然而需进一步努力去巩固她们的参与水平，特别是提高她们在各学科、各层次上的参与水平，同时使高教决策层有更多的妇女以确保性别因素也能纳入高教革新过程。"

2000 年 9 月 6 日至 8 日，160 多个国家的元首和政府首脑出席了联合国千年首脑会议，就消除贫困、饥饿、疾病、文盲、环境恶化和对妇女的歧视，商定了一套有时限但也能够测量的目标和指标，统称为《千年宣言》及千年发展目标。各国领导人就《千年宣言》达成了历史性一致，倡导共同的价值观，决心致力于实现公正持久的和平和发展。宣言所包含的八项"千年发展目标"(以及相关的 18 项具体目标和 48 项指标)承载了所有国家促进发展的庄严承诺，成为国际社会衡量发展进度的重要标准。其中第三项为"促进性别平等并赋予妇女权能"。同时，《千年宣言》主要内容和"千年发展目标"其他目标之间也包含了性别平等的内容。国际社会已日益认识到，促进性别平等并非仅仅是目标之一，也是实现所有各项

"千年发展目标"的关键。

2010 年 7 月 2 日，联合国成立"促进两性平等和增加妇女权能署"(妇女署)，作为实现千年发展目标以共同应对挑战提供保证的重要举措，也是联合国管理体制改革的实际步骤，整合资源的组织措施。联合国秘书长潘基文在成立仪式上发表讲话说，建立联合国妇女署的过程是国际社会促进性别平等、妇女赋权和消除性暴力努力的一部分。过去，维护妇女权益工作已取得了很大进步，但仍有很长的路要走。联合国妇女署将引领妇女"向正确的方向迈出重要一步"。潘基文说："我们这么做是为了因性别而被剥夺上学权利的女孩，以及数百万需要帮助和保护的妇女；为了等待治疗的女性艾滋病患者，其中包括正在哺育婴儿的母亲们；为了在会议室和议会中应该获得与男性平等权利的女性们。"

2. 我国加强提高妇女地位国家机制建设

提高妇女地位国家机制建设是当今世界各国推进性别平等的根本措施和根本保证，一个国家是否具有不断完善的提高妇女地位的国家机制是判断其是否真正重视推动性别平等和妇女发展的重要标志。

"机制"一词最早源于希腊文，原指机器的构造和工作原理。自然科学借用该词时常是指机体结构组成部分的相互联系，以及其在发生各种变化过程中的性质和相互关系，如生物学和医学。在社会科学领域，则是指社会现象内部组织和运行变化的过程及系统。"国家机制"，顾名思义，是由国家所主导、由国家机构和政府行为所组成的系统及其运行过程。我国提高妇女地位国家机制，依据 2005 年 8 月 24 日国务院新闻办公室发表的《中国性别平等与妇女发展状况》白皮书，涵盖了"完善维护妇女权益的法律体系"、"制定并实施妇女发展纲要"、"进一步健全工作机构"、"加大资金投入"、"制定指标体系和评估方案"、"加强社会动员"、"与联合国及有关国际组织的合作"等方面。

提高妇女地位国家机制建设是一个系统工程。改革开放30年，我国在完善提高妇女地位的国家机制建设方面实现了三个重大突破，为促进性别平等与妇女发展创造了良好的制度环境。一是促进妇女发展、保障妇女儿童权益的法律体系不断完善，已形成以《宪法》为基础，以《妇女权益保障法》、《未成年人保护法》为主体，包括国家各种单行法律法规、地方性法规和政府各部门行政规章在内的一整套保护妇女儿童权益和促进性别平等的法律体系。二是促进妇女发展、保障妇女权益的组织机构体系基本完善，形成了纵向贯通各级政府组织、横向协调有关政府部门的妇女工作网络，各级政府推动性别平等和促进妇女发展的主体地位、主导作用得到了充分体现。三是促进妇女发展、保障妇女权益的工作目标体系基本健全，基本形成了国家发展纲要、地方发展规划和部门实施方案相结合，全国性目标和地方性目标相结合，终期目标和阶段性目标相结合的妇女发展目标体系，为保障妇女在国家政治、经济、文化、社会和家庭生活中的平等地位和各项权利，促进妇女事业与经济社会同步发展提供了重要的政策保障。

3. 执政党责任与社会性别主流化

在全球化发展加速的趋势下，20世纪70年代以来，世界妇女/性别运动出现两个重大变化，一是从少数精英的呼号转变到联合国有组织、有计划地推进，二是从各国封闭的自我评价地进行，转变到全球开放的公开比较地发展。

(1) 在核心理念上创新发展。

"社会性别"一词最早出现在20世纪70年代初的国际妇女运动中，80年代后逐渐被联合国广泛采用，近年来成为国际社会分析性别问题的重要和基本概念。社会性别是相对于生理性别而提出的一个概念,是指人们所认识到的建立于男女生理差别之上的、实际存在的社会性差异和社会性关系,它不是先天存在的,而是社会文化及其制度造就的。

"社会性别主流化"是 1995 年在中国北京举行的联合国第四次世界妇女大会上被确定为促进性别平等全球战略的。这一概念强调,我们必须确保两性平等是一切经济社会发展领域的首要目标。1997 年 6 月,联合国经济及社会理事会给社会性别主流化下了定义:把性别问题纳入主流是一个过程,它对任何领域各个层面上的任何一个计划行动,包括立法、政策或项目计划对妇女和男人产生的影响进行分析。

"社会性别"、"社会性别主流化"是经过国际妇女运动数百年奋斗和世界各国人民探索,逐渐形成的推进性别平等和可持续发展的基本经验和共识,已经成为国际社会推动男女平等的一种理论、方法和视角。联合国率先垂范,采取积极措施,全面推进社会性别主流化,从国际和国家两个层面对发展妇女/性别事业提出新目标和要求,使妇女运动的国际化程度大大提高,与世界经济、政治的关联程度大大提高,与各国可持续发展的依存程度大大提高,取得显著成果。

(2) 在行动上突出政党和政府的责任。

政党政治是当今世界的普遍现象。虽然各国政党的执政模式不同、活动方式不同,他们的性质、信仰、纲领、执政理念和社会基础千差万别,但从世界政党政治的实践看,都必须赢得广大群众的支持,要在推动社会发展上有所作为。联合国在推进社会性别主流化的过程中,突出强调政党和政府的责任。以妇女参政为例:

一是明确党和政府责任。1985 年,联合国在第三次世界妇女大会通过的《到 2000 年提高妇女地位前瞻性战略》(《内罗毕战略》)中提出："各国政府和政党应该加强努力，以促进和确保妇女平等参加所有国家和地方的立法机构，并在任命、选举和提拔妇女担任这些机构的行政、立法和司法部门的高级职务方面取得平等。"

二是提出具体数量指标。1990 年，联合国经社理事会在第一次审查和评估《内罗毕战略》执行情况后的决议中，针对"就议员而言，妇女平均只占 10%，而在部长一级的决策人中，妇女仅占 3.5%"，"各国妇女都处于一种共同的情况，她们对影响到自己生活的公共选择，未能充分参与"，从而提出建议："各国政府、政党、工会、专业及其他代表性团体应各自制订指标，努力将担任领导职务的妇女比例到 1995 年年底至少提高到 30%，以期到 2000 年达到男女比例的平等。"这是联合国第一次提出妇女平等参与决策的具体时间表和具体指标。

三是开展共同国别评估。1995 年，联合国第四次世界妇女大会通过的《北京行动纲领》，重申了妇女在立法机构中至少要占 30%的席位这一目标。2000 年"北京＋5"的进程中，联合国妇女发展基金首次使用"联合国共同国别评估指标体系(CCA)"，妇女在立法机构中占 30% 席位的指标，再次成为衡量妇女参与政治和决策的数量指标。据悉，"至少 30% 的比例"也是经过专家研究和论证的，即在一个决策机构中，没有一定的规模和数量，其所代表的那个群体的利益很难表达出来，很难发出具有代表性的声音。而后，30%也被一些国际组织作为性别结构是否合理的标准，即"在任何社会组织结构中，另一性别的人不应低于 30%"。

四是制定千年发展指标。2000 年，"国家议会中妇女所占席位比例"又被确定为联合国《千年发展指标》目标三中"促进男女平等并赋予妇女权力"的四项指标之一。2005 年 9 月在联合国总部举行的世界首脑会议期间，各成员国政府重申对男女平等参与决策的承诺，决心增加妇女在政府决策机构中的代表性，确保妇女享有充分参与政治进程的平等机会。

(3) 在结果上成效显著。

与政党政治相伴而生的是妇女参政。国际妇女参政运动兴起于19世纪中叶，从1893年新西兰妇女第一次拥有选举权，1906年芬兰妇女第一次拥有选举权和被选举权，1924年丹麦内阁第一次出现女大臣(教育部长尼娜·邦)，1960年斯里兰卡出现第一位女总理(西丽玛沃·班达拉奈克夫人)，1974年阿根廷出现第一位女总统(伊莎贝尔·德·庇隆夫人)，到21世纪，世界上所有国家的妇女都获得了选举权。目前，欧洲、亚洲、非洲一些国家在妇女参政方面都取得了很大进展。据了解，2007年5月，法国总统尼古拉·萨科齐公布的新一届内阁成员名单中女性成员就占一半；2007年7月，肯尼亚总统齐贝吉在艾滋病问题国际女性峰会上说："在肯尼亚，我们规定政府里30%的职位必须留给妇女，但我们意识到这还远远不够，因此决定将这一比例增加到50%。"另外，瑞典的女议员比例达到45%，丹麦、芬兰、挪威均在36%以上，法国、德国也在法律和政策上规定了男女候选人各占50%。为避免选民忽视女性，德国还要求将候选人按一男一女顺序排列。妇女在国家首脑和政府首脑的选举中屡获成功，近20个国家议会中女议员的比例超过30%，妇女担任高级管理人员、决策人员、外交人员和谈判人员的才能和作用，令人瞩目，得到了世界的认可和肯定。

三、依靠先进文化推进性别平等

青年是社会上最有朝气、最富活力、最具创造性的群体。青年兴则国家兴，青年强则国家强，青年一代的健康成长和不断进步始终是党和人民事业兴旺发达的最大希望之所在。自觉把个人的成才之路与推进国家的科技发展、经济繁荣、社会进步结合起来，坚定地走既灿烂又充实的人生之路，是有志青年的选择。

1. 加强先进性别文化教育

中国共产党成立九十多年来，为实现妇女解放和男女平等孜孜以求，为我国妇女事业发展提供了坚强领导和重要保证。新中国成立以来，特别是改革开放以来，马克思主义妇女观、男女平等基本国策深入人心。一脉相承，与时俱进，构建、形成先进性别文化，引导、践行先进性别文化，抵制、荡涤落后性别文化，创造有利于妇女发展、有利于男女和谐发展的社会文化环境，任重道远。

中国共产党不仅在《党章》中从地位作用、途径方法、目标要求等多方面对党组织推进妇女解放和性别平等作出规定，而且，历代党的领导人都有许多精辟论述，指引妇女发展方向。党的十八大把男女平等基本国策写入报告，虽然"坚持男女平等基本国策，保障妇女儿童合法权益"只有 20 个字，但却具有划时代的意义，不仅继承了我党高度重视妇女的重要地位和作用的一贯思想和传统，更体现了党在领导全面建成小康社会的进程中，一种施政方向与理念，体现了中国共产党人对男女平等的一种深刻认识，标志着我国的社会性别主流化从专家研究、社会倡导，进入了主体到位阶段。

文化，既是软实力，也是软动力。性别文化是人类文化的重要组成部分，先进性别文化建设是先进文化建设的重要内容，也是社会主义精神文明建设的重要组成部分。我国提高妇女地位国家机制建设之所以能取得重大突破，其根本在于体现了社会主义核心价值体系，将先进的政党文化、现代的法治文化、开放的和谐文化和发展的性别文化的精神价值贯穿始终。依靠体制机制创新的力量，形成男女共同建构，共同认同，共同接受，共同推进的具有中国特色、时代内涵的先进性别文化，才能为人类文明做出新贡献。

先进性别文化，是一种主张男女两性人格和尊严受到平等对待，保障男女两性参与政治、经济、教育、社会、文化和家庭生活的权利和机会平等，提倡男女两性在社会和家庭生活中平等相待、和谐相处、良性互动、共同发展的文化。以公平、公正、平等、和谐为价值观基础的法律体系，有利于规制以各种形式传播不平等性别文化的行为，引导先进性别文化建设。充分发挥法律制度的作用，离不开先进文化引领，良好舆论环境支持；离不开广泛深入、持之以恒、卓有成效的宣传倡导、教育培训。因此，迫切需要建立性别平等宣传倡导、教育培训机制，形成先进性别文化倡导基本面，使法律制度和社会价值观形成良性互动，不断向正确方向发展。先进性别文化倡导基本面是由多方面构成的，其中家庭教育是启蒙，学校教育是基础，公务员教育是关键，领导干部教育是核心，社会教育(宣传)是保障。

2. 做圆梦时代的学习型人才

2012 年 11 月 29 日，新一届中央领导集体在国家博物馆参观《复兴之路》展览过程中，习近平总书记发表了重要讲话。"中国梦"代表了新一届中央政府对于建设富强民主文明和谐的社会主义现代化国家的目标和信心。"中国梦"是国家的梦、民族的梦，也是包括广大青年在内的每个中国人的梦。"得其大者可以兼其小。"只有把人生理想融入国家和民族的事业中，才能最终成就一番事业。"中国梦"让青年学子感受到了一份同心奋进的深沉力量，更加懂得了当代青年所肩负的历史责任。青年人应珍惜韶华、奋发有为，勇做走在时代前面的奋进者、开拓者、奉献者，努力使自己成为祖国建设的有用之才、栋梁之材，为实现"中国梦"奉献智慧和力量。

中国特色社会主义事业是面向未来的事业，需要一代又一代有志青年接续奋斗。书籍是人类知识的载体，是人类智慧的结晶，是人类进步的阶梯。读书的好处很多，如可以获取信息、增长知识、开阔视野，可以陶冶性情、培养和提升思维能力等等。读书对于一个人的成长进步很重要。我国著名学者王国维论述过治学的三种境界。第一种境界是"昨夜西风凋碧树，独上高楼，望尽天涯路"；第二种境界是"衣带渐宽终不悔，为伊消得人憔悴"；第三种境界是"众里寻他千百度，蓦然回首，那人却在灯火阑珊处"。读书学习也应该有这三种境界：首先，要有"望尽天涯路"那样志存高远的追求，有耐得住"昨夜西风凋碧树"的清冷和"独上高楼"的寂寞，静下心来通读苦读；其次，要勤奋努力，刻苦钻研，舍得付出，百折不挠，下真工夫、苦工夫、细工夫，即使是"衣带渐宽"也"终不悔"，"人憔悴"也心甘情愿；再次，要坚持独立思考，学用结合，学有所悟，用有所得，要在学习和实践中"众里寻他千百度"，最终"蓦然回首"，在"灯火阑珊处"领悟真谛。这三种境界启发我们，读书不仅要有明确的目标、有不移的恒心，还要提高读书效率和质量，讲求读书方法和技巧，在爱读书、勤读书、读好书、善读书中提高思想水平，解决实际问题，实现自我超越。

◇◇◇◇◇ 学习思考题 ◇◇◇◇◇

1. 什么是社会性别？什么是社会性别主流化？

2. 改革开放 30 年，我国在完善提高妇女地位的国家机制建设方面实现了哪些重大突破？

3. 怎样成为圆梦时代的学习型人才？

案例链接

1. 习近平强调"人生的扣子从一开始就要扣好"

"五四"青年节是属于青年的节日，属于青春的节日。2014 年 5 月 4 日，中共中央总书记、国家主席、中央军委主席习近平来到北京大学考察。在北京大学师生座谈会上，发表了重要讲话。

习近平指出，"核心价值观承载着一个民族、一个国家的精神追求，是最持久、最深层的力量。广大青年要勤学、修德、明辨、笃实，使社会主义核心价值观成为自己的基本遵循，并身体力行大力将其推广到全社会去，努力在实现中国梦的伟大实践中创造自己的精彩人生。"

习近平强调，"青年的价值取向决定了未来整个社会的价值取向，而青年又处在价值观形成和确立的时期，抓好这一时期的价值观养成十分重要。这就像穿衣服扣扣子一样，如果第一粒扣子扣错了，剩余的扣子都会扣错。人生的扣子从一开始就要扣好。""青年要从现在做起、从自己做起，使社会主义核心价值观成为自己的基本遵循，并身体力行大力将其推广到全社会去。"

习近平说，"当代大学生是可爱、可信、可贵、可为的。时间之河川流不息，每一代青年都有自己的际遇和机缘，都要在自己所处的时代条件下谋划人生、创造历史。青年是标志时代的最灵敏的晴雨表，时代的责任赋予青年，时代的光荣属于青年。"

习近平沿着校园小路，步入正在举行的"青春中国梦，赤忱五四情——北京大学纪念五四运动 95 周年青春诗会"的同学中间。身着五四时期学生装的师生们在悠扬的小提琴曲伴奏下，朗诵着自己创作的诗歌《聆听青年》和毛泽东词作《沁园春·长沙》。习近平欣赏了师生们充满激情的朗诵，并同师生们握手交谈，称赞他们的朗诵透着自信，表达了强烈的历史责任感和自豪感，希望他们紧跟时代，既创作出优美的文字诗篇，又创作出壮丽的人生诗篇。

2. 中国妇女发展的行动纲领

1995 年制定和颁布的第一部《中国妇女发展纲要(1995—2000年)》是我国妇女发展的重要里程碑。2001 年，国务院颁布了《中国妇女发展纲要(2001—2010 年)》，确定了妇女六个优先发展领域的主要目标和策略措施。

2011 年 7 月 30 日，国务院颁布了《中国妇女发展纲要(2011—2020 年)》。新纲要针对妇女发展中的健康、教育、经济、决策和管理、社会保障、环境、法律七个领域，设置了 57 项主要目标，提出了 88 条策略措施，是指导我国未来十年妇女发展的行动纲领。

新纲要贯彻全面发展原则、平等发展原则、协调发展原则和妇女参与原则。新纲要明确未来 10 年我国妇女发展的总目标是：将社会性别意识纳入法律体系和公共政策，促进妇女全面发展，促进两性和谐发展，促进妇女与经济社会同步发展。新纲要提出：保障妇女平等享有基本医疗卫生服务，生命质量和健康水平明显提高；平等享有受教育的权利和机会，受教育程度持续提高；平等获得经济资源和参与经济发展，经济地位明显提升；平等参与国家和社会事务管理，参政水平不断提高；平等享有社会保障，社会福利水平显著提高；平等参与环境决策和管理，发展环境更为优化；保障妇女权益的法律体系更加完善，妇女的合法权益得到切实保护。

3. 联合国关于提高妇女地位的文书

① 《北京宣言》及《行动纲领》：1995 年 9 月联合国第四次世界妇女大会在北京召开，出席会议的 189 个国家一致通过，被视为推动全球妇女运动的纲领性文件。

② 《千年宣言》及千年发展目标：2000 年 9 月联合国千年首脑会议，150 多位国家元首和政府首脑达成历史性一致，倡导共同的价值观，通过国际社会衡量发展进度的重要标准。

③ 《消除对妇女的暴力行为宣言》：1993 年 12 月联合国大会通过，第一次为"对妇女的暴力行为"进行了定义，并确定了各国政府和联合国系统为消除对妇女的暴力行为所应采取的措施。

④ 《消除对妇女一切形式歧视公约》：1979 年 12 月联合国大会通过，是在维护妇女权利方面制定的最重要的、有法律约束力的国际法律文书。

⑤ 《同酬公约》：也称《男女工人同工同酬公约》，国际劳工组织第 100 号公约(1951 年)。

⑥ 《歧视(就业及职业)公约》：国际劳工组织第 111 号公约(1958 年)。

要查阅更多、更详尽的资料可登录中国人权网(www.humanrights.cn)或联合国妇女观察网站(www.un.org/womenwatch)。

4. 联合国成立"妇女署"

2011 年 2 月 24 日，联合国促进两性平等和增加妇女权能署(联合国妇女署)在纽约联合国总部举行成立仪式。联合国妇女署官方微博(http://t.163.com/unwomen)也于 2011 年 2 月 23 日正式在网易开通。

联合国妇女署是根据 2010 年 7 月联合国大会决议成立的新机构，由联合国原 4 个部门整合而成，自 2011 年 1 月 1 日起正式运行，其行动宗旨是与联合国各会员国共同制定衡量性别平等的国际化标准和行动目标。

世界知名人士谈联合国妇女署正式成立的意义：

潘基文(联合国秘书长)：随着联合国妇女署的诞生，我们迎来了社会性别平等和妇女赋能的一个强有力的驱动机构。挑战仍然不容忽视，但是我相信在联合国妇女署所带来的崭新的活力、动力以及职权面前，这些挑战将迎刃而解。真正意义上的社会性别平等应该是 21 世纪我们共有的财富。

米歇尔·巴切莱特(智利前总统、联合国妇女署第一任执行主任)：我们可以想象，如果女性被充分赋能并成为社会变革和进步的积极成员，我们所能做的事业会有多少。从历史的角度上看，我们正处在一个女性面临很多机遇的时刻。现在我们必须抓住这些机遇。我的个人经历告诉我，女性是什么都可以胜任的。

妮可·基德曼(澳大利亚籍著名演员、奥斯卡奖得主、联合国妇女署亲善大使)：有些女性身上那种特有的扩张力、力量和尊严，最重要的是希望，让我深深折服。这就解释了为什么我生命中很多女性都是我的榜样。联合国妇女署代表了全球女性新的、强劲的声音，能和它携手是我的荣幸。

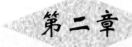

社会性别与文化

导 读

性别与文化从古至今都是一个人们在不断探讨的话题，对于拥有五千年文明传统的国家，性别文化的传承背后更多的是男性与女性权利与地位的变化与继承。读史可知，中国由于受到几千年封建社会传统的影响，男性专制的思想根深蒂固，而女性则长期地被放在社会、历史和文化的边缘，并作为男性的附庸品存在于家庭中。

本章节通过性别文化的发展与演进，先进性别文化的内涵与建构以及媒介融合里的性别"形塑"三个部分，具体谈谈在社会的发展与变迁中，性别文化的演进过程；社会性别的建立与重组；社会性别与文化的关系；性别塑造的未来趋势以及如何在媒介融合时代将先进性别概念广泛传播等。

性别文化是人类社会发展过程中作为文化形态存在着的男女两性生存与活动的方式，以及为这种活动方式所创造的物质财富和精神财富的总和，它包括人类迄今为止社会发展过程中对男女两性关系的认识、评价。从我国性别文化发展历史来看，大致经历了母系社会的女权文化、父系社会的男权文化和当前大力倡导的以男女平等为核心的先进性别文化。

一、性别文化的发展与演变

文化是一种社会现象，是人们长期创造形成的产物。同时它又是一种历史现象，因此，文化是社会与历史的积淀物。确切地说，文化是指一个国家或民族的历史、地理、风土人情、传统习俗、生活方式、文学艺术、行为规范、思维方式、价值观念等。根据文化的结构和范畴，我们将文化分为广义和狭义两种。广义文化指的是人类在社会历史发展过程中所创造的物质和精神财富的总和。它包括：物质文化、制度文化和心理文化。物质文化是指人类创造的各种物质文明，包括交通工具、服饰等，是一种可见的显性文化；制度文化和心理文化分别指生活制度、家庭制度、社会制度以及思维方式、宗教信仰、审美情趣等，它们属于不可见的隐性文化。狭义的文化主要是指人们普遍的社会习惯，如衣食住行、风俗习惯、行为规范等。

性别有两层含义，一层是生物学的，它关心的是人类体质上的差异，因而是生理学的研究对象；另一层是社会学的，它关心的是社会赋予男人和女人的行为模式。在我国将性别具体概括为"男女有别"，而西方性别理论用"社会性别"来表示两性的社会关系和社会结构。因此，对于性别文化的解构，就是通过分析经济、政治、文化环境等结构性因素，读解两性的生存方式以及人们的性别观念的过程。

1. 原始社会的性别分类

性别与生俱来，但其之所以成为关系人类生存的根本性问题，浸润、影响于人类个体与群体的各个方面，主要源自它同社会文化之间的密切关联。然而，性别在人类物质生存和精神生活中产生深刻影响，华夏文明在演变进程中，拥有两千多年的封建统治所形成的思想禁锢，更是使这种覆盖和遮蔽达到极致。由于原始社会(primitive society)时期经历的是从元谋人—北京人—山顶洞人—河姆渡人—半坡人—大汶口人等(史前史的一部分，尧舜禹传说时期前)的变化过程，当时在界定原始社会的性别理念时认为"原始社会性别概念是文化人类学理论上的一种社会组织类型，以亲族关系为基础，以母系社会为前提，人口很少，经济生活采取平均主义分配办法。对社会的控制则靠传统和家长来维系，而无习惯法规和政府权力。在典型的原始社会里，没有专职的领袖。年龄与性别相同的人具有同等社会地位。如有争执就按照传统准则进行调停，人们普遍遵守这些准则。世界各地都有原始社会，形式多样。有些以狩猎和采集经济为主，有些则以渔业为主，或者以简单的自然农业为主，部落组织是某些原始社会的特征，但是并非所有的原始社会都有这一特征。根据文化进化论者的学说，有些原始社会保持着平均主义的性质，但另一些则已经逐步变成等级制度的社会，并进而发展成为酋长"领地"，其组织形式更为复杂。

　　原始社会是人类社会发展的第一阶段，到目前为止，还没有发现世界上有哪个民族没有经历过原始社会。处于原始社会的人类生产力水平很低，生产资料都是公有制的。随着生产力水平的提高，出现产品的剩余之后，就出现了贫富分化和私有制，原先的共同分配和共同劳动的关系被破坏，而被剥削与被剥削的关系所代替。父系社会出现之前与其说是母系社会，不如说是"不知父"的社会，他们是没有性别身份，性别特权，性别文化观念，性别标签的社会。也就是说，是没有"性别"的社会。在原始社会，人不需要根据性别穿某种性别标识的衣服，根据模式化的性别文化角色做某种职业、行为。除了交配生孩子外，他们根本不需要随时去区分男女。距今约 250 万年～距今约 1 万年的旧石器时代，人类主要通过采摘果实、狩猎或捕捞获取食物。当时人们群居在山洞里或树上，以一些植物的果实、坚果和根茎为食，同时集体捕猎野兽、捕捞河湖中的鱼蚌来维持生活。古代的文献记载，从旧石器时代晚期到中石器时代，人类的生活特点就是洞居或巢居，采集和狩猎。人们通过血缘关系维持着家族内部的关系，在血缘家族内部，婚姻按照辈数来划分，同一辈分的人互为夫妻。而在不同辈分之间则不通婚。这样一个家族就是一个社会集团和生产单位。内部两性有分工，男性狩猎，女性进行采集和抚育小孩。随着生产力的发展，人类转入了相对的定居生活。人口逐渐增多，同时认识到家族内部同辈之间近亲婚姻对人类体质的危害，先前的原始人群为氏族公社所取代，并形成族外婚制，互相通婚的两个氏族就形成了部落，一个氏族的成员必须和另一氏族的成员通婚。在这情况下，知母不知父，氏族的世系只能按母系计算，所以又称作母系氏族。(母系或父系氏族，早期定义是指在生产中谁起的作用判定的。譬如：整个社会女性的工作处于主导地位的时候，这个社会就属于母系氏族，反之则为父系氏族。) 虽然氏族家庭中的成员比较固定，像任何象群、狮群一样，但在抚养孩子时，却跟现代婚姻家庭完全不同。原始社会的小孩子根本无需区分是舅舅还是姨妈，爸爸还是妈妈来抚养它。对于他们，只有"成员"概念，而与"性别"无关。他们并没有什么明确的职业分工，一个男人，既可以打猎，采集种子种地，也可以在家中带孩子，他们除了不能生育，其他都能胜任。女人也是这样，既生孩子，也可以做任何一种打猎、畜牧、种地甚至战争等工作。也就是说，他们是没有所谓的性别观念的人。

　　距今 8000 年前的新石器时代的到来，也就是人类原始(母系)氏族的繁荣时期，人们以磨制的石斧、石锛、石凿和石铲，琢制的磨盘和打制的石锤、石片、石器为主要的生活工具。新石器时代是母系氏族的全盛时期。婚姻制度由群婚转向对偶婚，形成了比较确定的夫妻关系。在氏族内部，除个人常用的工具外，所有的财产归集体公有。有威望的年长妇女担任首领，氏族的最高权力机关是氏族议事会，参加者是全体的成年男女，享有平等的表决权。但是随着农业和畜牧业在生产中地位的不断提升，男性逐渐取代女性取得了社会的主导地位，父系氏族公社形成了。在父系氏族公社内，出身和世系按男子的系统计算，实行父系财产继承制。夫居妇家制度变成了妇居夫家制，不稳定的对偶婚逐步向一夫一妻制或一夫多妻制过渡。妇女的地位逐渐下降，父系氏族首领改由男子担任，氏族议事会由各大家族的族长组成，原来由全体成年男女参加的氏族议事会，现在由全体成年男子参加。与原始社会生产资料公有制相适应，原始社会的社会组织经历原始群、母系氏族组织、父系氏族组织的发展。原始社会通过道德规范、宗教规范特别是习惯来调整人与人之间的社会关系，氏族习惯是人们在长期的共同生产和生活中逐渐形成和演化，世代相传，成为氏族成员内在需要和外在自觉的行为模式或行为惯性。

2. 奴隶社会的性别建构

　　随着石器的发展，金属工具的出现，生产进一步发展，劳动生产率有了较大的提高；社会产品除维持人们的生活必需以外，开始有了剩余。剩余产品的出现，一方面为一部分人摆脱繁重的体力劳动，专门从事社会管理和文化科学活动提供了可能，从而促进了生产的发展；另一方面也为私有制的产生准备了条件。随着私有制的产生，社会上出现了剥削阶级和被剥削阶级，原始社会开始解体，奴隶制度逐渐形成，奴隶社会产生，而人类却正式进入文明时代。据史料记载，我国黄河流域、长江流域的氏族部落，先后进入父系氏族公社阶段，一夫一妻制的确立，是男性获得支配权及父权确立的标志，男子凭借经济上的优越地位，不但控制氏族社会的一切特权，而且也控制了自己的妻子和子女，同时它打破了原始共产制的原则，私有财产出现，氏族首领具备了奴役他们劳动者所需要的条件，而妇女却因此最先成为奴隶，如恩格斯所说："最初的阶级压迫是同男性对女性的奴役同时发生的。"因此，一夫一妻的所谓个体婚约制在历史上绝对不是当作男女之间的和解出现的，更不应该当作是最高的婚约形式而出现的，正好相反，它是作为一性的被另一性所奴役，作为史前时代从未有过的两性对抗的宣布而出现的。

中国的奴隶有很多种类，成因也很不相同，总趋势是从周朝开始，奴隶或者说主仆的人身依附关系一直在削弱，到战国奴隶制就渐渐消失了。夏、商、西周，都是典型的奴隶制社会。奴隶制形成之前与之后，女人的命运是不同的。女人社会地位低下，丧失人权，是奴隶制与封建制度产生的。这种社会不公，把占有人类天地一半的女性，置于人格被奴役化的地位，让无数女人命运多舛，受尽折磨。后期当娼妓业形成之后，那些处于生死边缘沦为娼妓的女人，更是命运凄惨。

奴隶制下对女性的压迫以古代罗马为例：罗马女人的第一个

监护人是她的父亲，他若不在，由她的男性亲属去履行这一职责，女人结婚后转由丈夫支配。妻子有生儿育女的责任，她的家务劳动包括农业劳动，她对国家很有用，因而深受尊重。 她在家里待在正厅——住处的中心，而不是藏在闺房里。她指挥奴隶劳动，指导子女教育，而子女往往在年龄很大时还在受她的影响。她参加劳动，照顾丈夫，被看做他财产的共同拥有者。她是家里的女主人，是男人的宗教伙伴，罗马女人没有被关在住所，她们可以出席宴会，参加庆典，出入剧场，在路上男人得给她们让路，连执政官和侍从也得闪在一旁让她们先行。卡图说："到处都是男人统治妇女，而统治所有的人的我们，却在受着我们妻子的统治。"罗马女人还得到了相对独立的明确保障，父亲必须向她提供嫁妆，嫁妆在解除婚约后，不得退给她的男性亲属，也不属于她的丈夫。母亲获得与父亲同等的地位，女孩子和她的兄弟一样拥有继承权。但是从法律角度来看，罗马女人比希腊女人更受奴役。国家让女人独立于家庭，却又把她置于它自己的监护之下。它千方百计地使她不具备法律资格。法律一方面给她们权利，另一方面，又把权利收回。法律规定禁止罗马女人奢侈。虽然女人作为女儿，妻子的权利不再受到限制，但她们作为性别绝无和男人一样的平等地位。男人傲慢地宣称："这个性别是愚蠢的，软弱的。" 罗马女人有某种地位，但由于不具备抽象的权利和经济独立，而她被束缚在这地位上。她在男人实际上是唯一主人的世界中，只有空洞的自由，却没有结果。

3. 封建社会的性别理念

封建社会对女性的束缚达到了人类社会发展的这几个阶段中的巅峰，无论是东方还是西方，就连资本主义社会对妇女的压迫和剥削也源自对封建传统礼教的延续。我国封建家法中可以看出对女性有着明显的压迫：(一) 祭祀，男性家长是祭祀活动中的主持者，妇女同样要参与祭祀祖先的仪式。但未见到妇女对祭祀活动有任何责任的记录。(二) 管理，一家之长管理家族事务。一般都是男性。(三) 财产，妻子随嫁的财产常常在婚后合并同夫。已视为夫妻共同的财产。(四) 劳动，劳动项目，几乎都集中于妇女，大家族中，未成年男子多在读书，成年男子则为官、经商，或在家族中从事典事，而妇女都要从事养蚕、纺织和主馈，即使在大家族中也不例外。持家与饮食是生活之本。而这两项劳动都由已为人妇的女性来承担。(五) 茶饭，大家族中男女吃饭不同席，因为长幼有序。吃饭不同席，祭祀分列两边，聚会分坐左右。都体现了群体共处时的男女有别。(六) 日常花费，固定花费来看，男女无大差异。(七) 婚姻嫁娶，厚嫁之风带给女孩的厄运是溺女之风流行。(八) 生育，生育中重男轻女。(九) 教子，子教与女教相比，家族中更重视教子。因为只有男性子孙能承担延续家族香火，继承家族大业，弘扬家族的责任。而女子最终要出嫁，因此在家法中，对未成年的女儿的规范要远少于已娶入门的妇人。(十) 日常行为举止交往，家法在这方面多集中于妇女，大到敬夫，小到不许多言。反复强调的是对父母尽孝和男女授受不亲，还有"不许多言"，"勿听妇言"等，儿媳得罪婆婆，夫欲弃其妻，反说其妻与人私通；公公欲强奸儿媳，儿媳反被"以恶名加其身"来定罪而受到遣送。

男尊女卑、男强女弱、男主女从等社会性别观念正是在封建社会逐步建立并壮大，尤其是在中国，两千年的封建残余至今仍难以磨灭，《世说新语·贤媛篇》中的女性风貌，北宋士大夫的社会秩序理念"女无外事"，还有晚清所谓妇道的养成，都是在这样的氛围下形成的。而这与孔孟的儒家伦理不谋而合，"女子无才便是德"、

"贞女"等说法更是儒家闺范中的重要体现。

封建社会对于性别的认知在文学作品中也可窥知一二，中国清代曹雪芹的作品——《红楼梦》便是描述封建社会性别关系的最佳凭证。该作品中薛宝钗实质上成为那个时代的牺牲品，由于贾宝玉出家，她依然是不能由着本性而为。王夫人说："看着宝钗虽是痛哭，他端庄样儿一点不走，却倒来劝我，这是真真难得的！"可想想宝钗，这样年轻，而她的痛苦其实并不在黛玉焚稿之下，可她依然只能克制着，这便是她的"尊重"，黛玉至少追求了自己的幸福，而且得到了一份真诚的感情，最终一死解脱了所有的痛苦。而宝钗一生"愚昧而不自知"，而且依她的性格，终其一生，也只能是任由生活这把钝刀一点点割掉生命。"可叹停机德，堪怜咏絮才。玉带林中挂，金簪雪里埋。"这正倒出了封建社会像黛玉这样追求自我与平等的女性的理想，同时证明，在当时的现实生活里，只能存活着像宝钗这样被礼教束缚的毫无平等与自我可言的女性。

4．资本主义社会的性别分裂

封建社会经济结构的解体使资本主义的要素得到解放。14、15世纪，地中海沿岸的某些城市已经稀疏地出现了资本主义生产的萌芽，但是资本主义时代是从 16 世纪才开始的。而资产阶级对女性的压迫，巴尔扎克早在《婚姻生理学》中就写到："女人的命运和她唯一的荣耀是赢得男人的心……她是一份动产，确切地说，只是男人的附属品。"他还指出，排斥爱情的资产阶级婚姻自然导致通奸。他告诫丈夫们要严加管束，不要让妻子有任何机会接受教育和文化，要尽可能地不让她们引人注目。中产阶级按照这种程序把女人关在厨房和家中。严密监视她们的一举一动。使她们完全处于依附地位。作为补偿，女人也受到敬重，受到极其温文尔雅的对待。

他还说:"已婚女人是一具必须把她扶至王位上的奴隶。"在小事上必须征求她们的意见,把她摆在第一位。大多数资产阶级女性都接受了这种冠冕堂皇的理由,几乎听不到有人抱怨。中产阶级女人之所以依恋她受到的束缚,是因为她在依恋本阶级的特权。若是摆脱男人的束缚,她就必须为谋生而工作。她同工人阶级女人没有任何共同利益可言。而工作中的女性受到更多的压迫。在机器生产中男女的体力差异基本上不起作用。工业需要大量的劳动力,女人是最好的对象。

而此时的中国,由于帝国主义的侵入,封建经济逐步解体,资本主义因素得到一定发展;国家形式上保持独立和主权,而实质上的政治、经济都被帝国主义所控制,半殖民地半封建的国家性质形成,由于社会历史因素,处在社会最低层的人民,遭受着帝国主义、封建主义和官僚资本主义的相互剥削和压迫,那时的广大妇女受政权、族权、神权和夫权的支配。她们在专制独裁政权的统治下,没有参政权和政治上的一切自由权利;族长、家长执掌着一套封建的规矩,可以惩罚和处死妇女;反动统治阶级还用所谓鬼神迷信的"精神鸦片"来愚弄和毒害妇女;妇女受男权支配,在家从父、出嫁从夫、夫死从子,没有独立的人格,甚至连使用自己姓名的权利有时也被剥夺;包办买卖婚姻制度和童养媳、等郎媳等种种封建恶习,使妇女的痛苦尤深,族长、家长还强迫青年妇女为死去的丈夫守节,牺牲一生的幸福。而我国近代对于性别的认知和态度也就在此时建立了起来。

在合理的资本主义环境下,性别都是经济外的不合理变量,而资本主义则是非常合理地利用性别这项变量。"资本主义将女与男皆还原为无性别的个人!"其实这只表示为了让女性天真地相信近代资本主义所传播的"性别平等"。讽刺的是,产业社会让人们变成"生产归男，家事由女，史无前例实行性别隔离的社会"。在超越性之"区别"，把"差别"当成问题这点上，女性主义的确是"近代"的产物。要建立两性之间的"差别"观念，必须先确立两性之间作为人的"平等"观念。激进女性主义则将性别支配的结构，公式化地称为"父权体制"。而自由女性主义成立之初，就已经把"近代"这个时代特有的性别支配方式当成是问题了。产业化制造了特有的性别角色分配。那就是指定男性负责生产，女性负责再生产的性别领域，苏可洛夫指出：这是资本主义与父权体制的历史性妥协——Victorian compromise，而且把这样成立的体制叫做父权体制的资本主义。资本主义打从将劳动力转化为商品时，就在利用这种生产领域与再生产领域之间的落差。这意味着资本不止是农村与都市的落差，也是掠夺性别变量的手段。威尔赫夫指出，资本的原始累积除了以农村为其腹地之外，也开垦了女性这片广大的沃野。

二、先进性别文化的内涵与建构

性别文化作为一个科学的概念，尤其是与性别平等相联系，是20世纪才形成和发展起来的。性别文化并非一种孤立存在的文化形态，而是融合于社会文化中的一个子系统，它的存在和发展既与社会经济发展水平相联系，也与总的社会文化保持着方向和目标上的一致性，并服务于社会发展。"构建和谐社会，实现人的全面发展"是我国目前社会发展中的一项重要任务，要实现这一目标，需要处理好各种社会关系以及与自然的关系。因此，必须批判和清除男尊女卑、重男轻女的传统性别理念，倡导以尊重女性为基础的两性公正与平等的先进性别文化。传媒学者卜卫认为：区分性别与社会性别概念的最重要的意义在于强调社会现实中女性对男性的依附性或非主体性不是一种天然定制，而是文化建构的结果，因此也是可以改变的。社会性别概念的本质，是要打破歧视女性的合理性。社会性别视角即以社会性别观点来观察社会，发现哪些女性对男性的依附性事实或歧视女性的事实被视为当然合理，导致了对女性发展、人格、利益和权利的损害。从某种意义上说，社会性别视角就意味着发现、批评和改造社会或文化中的性别歧视。

因此，建立健全的社会性别观念，实现先进性别文化的建构，是和谐社会的前提，也是实现精神文明建设，实现先进文化建设的保障和正确途径。同时，在建立先进性别文化之上完善社会性别文化，使我国的性别文化健康、稳定、和谐的发展，并使之符合社会进步的需要，文化发展的需要，人类性别意识前进的需要。

1. 先进性别文化的内涵

先进性别文化，是一种主张男女两性人格和尊严受到平等对待，保障男女两性参与政治、经济、教育、社会、文化和家庭生活的权利和机会平等，提倡男女两性在社会和家庭生活中平等相待、和谐相处、良性互动、共同发展的文化。从宏观上说，先进性别文化是人类历史和社会实践过程中创造形成的有利于男女平等和公正的物质文明、政治文明和精神文明的总和。它是在特定社会、时代和具体环境中对男女两性社会价值、地位和作用产生的正确认识的一种积淀，以及两者在外界促动或本体意识作用下内化的个人性格、态度、行为等层面和关系的总和。从微观上说，先进性别文化是历史的形成人们对男女两性社会价值、地位作用及其相互关系的一种正确的客观认识，是能够促进男女平等和谐、可持续发展的一种先进文化。

在当前形势下，应该将先进性别文化建设纳入先进文化建设的理论框架，视为社会主义精神文明建设的重要组成部分，采取积极主动的策略措施进行有效引导。勿庸讳言，尽管男女平等的基本国策已提出十多年，但现阶段社会性别意识仍未真正进入决策主流，现实中性别不平等问题依然突出。因此，在我国构建和谐社会的现阶段提出构建先进性别文化的问题既十分重要，也非常迫切，它不仅有利于唤起人们对传统性别文化的反思，改变社会对男女两性的刻板成见、角色期待和价值评价，也有利于促进女性主体意识的觉醒，激发她们的社会责任感，积极投身到全面建设小康社会的伟大实践中，从而为和谐社会的构建创造有利条件。

先进的性别文化是社会主义先进文化和精神文明的组成部分，具有以下特征：第一，男女平等是先进性别文化的核心内容，包括男女尊严、价值和权利、机会、责任、过程平等。第二，先进性别文化是建立在生产力不断发展基础上的，只有在社会生产力不断发展的条件下，才能为妇女解放，男女共同就业提供条件。第三，先进性别文化是中国特色社会主义文化不可或缺的组成部分，当代中国，要建设社会主义先进文化，就必须构建先进性别文化。第四，先进性别文化具有极大的包容性，承认性别多样性和多元化存在及表现的合理性。第五，重视女性发展权是中国特色先进性别文化的显著特征。

在先进性别文化中，男人和女人既不是固定不变的生物人，也不是体现性本能的躯体化的被动装置，而是文化和精神的载体以及社会实践的主体。之所以要构建先进性别文化，是因为以往的性别文化存在着不利于人的发展的因素，主要是限制女性的权利和发展。如：我国传统文化中作为女性道德规范的"男尊女卑"、"三从四德"，就是阻碍男女平等和女性发展的落后、腐朽观念，是先进性别文化构建必须摒弃的糟粕。只有对落后性别文化采取反思和批判的态度，才能识别它的不合理性，并动摇和拆除它的根基。著名女性学者西蒙娜·德·波伏娃认为："女人并不是生就的，而宁可说是逐渐形成的。"也就是说，"女人"不是先天生成的，而是后天建构的，是社会化的结果、社会性别的产物。

2. 先进性别文化的构建预示着社会性别文化的完善

社会性别即一般所说的性别。主要是指自身所在的生存环境对其性别的认定，包括家人、朋友、周围人群、社会机构和法律机关的认定等，是人基本的社会属性之一。社会性别理论从分析两性关系入手可以发现社会关系和社会制度的根源和本质，从而将社会性别理论变成强有力的政治、经济和社会文化的分析工具。社会性别理论作为一种历史和文化的产物，它将随着社会的发展和变迁而不断变化和发展。从生理或心理上，性别可划分为基因性别、染色体性别、性腺性别、生殖器性别和心理性别，加上这里的社会属性就是"人类的六种性别"一般这六种属性或全为男，或全为女，是一致的。社会性别既与广义的文化有关，如制度文化、心理文化；又与狭义的文化有关，如社会习惯等，在某种意义上，是文化决定了社会性别关系和社会性别意识，但是，社会性别意识也对文化起到促其改变的作用。社会性别常常在社会制度(如文化、资源分配、经济体制等)中以及个人社会化的过程中得到传递和巩固。社会性别角色和意识是一个社会化的过程，而先进性别文化则是当前我国进行社会性别文化规范、提倡两性平等和谐以及先进文化建设的前提。因此，先进性别文化的构建也预示着社会性别文化的完善与健全。

　　先进性别文化的建构不是过去完成时，而是正在进行时，它将随着物质生产的发展和生产力的进步不断得到发展和完善；同样，女性地位的提高和性别平等的实现也离不开先进性别文化的支持。先进性别文化以承认和张扬女性主体意识、主张和推进性别平等为目标。女性主体意识就是女性在社会生活和实践中对自己在社会结构中的位置及其重要性的认同。女性只有意识到自己作为人的独立主体的地位，意识到自我与男性的平等关系，才能有效地发挥作为人的主体作用，最大限度地激发和挖掘自身的内在潜力。主体意识是女性全面发展的内在动力，女性的主体意识越强，自我价值实现的程度就越高，对社会发展的贡献就越大。通过先进性别文化建设，可以提高女性的主体意识，增强女性自尊、自信、自立、自强的情感体验，进而提高她们自我实现的欲望，这对于实现男女平等的国策具有十分重要的意义。

　　先进性别文化是对落后性别文化的否定，它以男女平等为基础，认为男女两性具有同等的人格和尊严、权利和地位，公正地评价女性的性别角色和社会作用，以及女性在创造人类文明、推动社会发展中的作用，提倡男女平等相处、相互尊重、共同进步、协调发展。以科学世界观为基础的先进性别文化不是把人及其性别看作抽象的、固定化的存在，而是从现实社会生活出发，解释人及人的性别角色。认为性别间的不平等既不是天经地义的，更不是永恒不变的，而是历史发展到特定阶段的产物，并且会随着社会的发展而变化。男女平等符合文化进步的理念和社会发展的规律。先进性别文化所提倡的男女平等，既不是要把男性的地位降下来，降低到与女性相同的水平，也不是把女性作为弱势群体保护起来，硬性提高到与男性相同的水平，而是将女性视为一种人力资源，向女性提供发展的机会，使女性在得到充分发展的基础上实现自身的社会价值，是一种在认同生理差异基础上的公正和公平。只有男女两性在各个领域实现了权利、机会、义务、责任的平等，才会有两性在人格、尊严、价值上的平等，才会有两性关系和谐与社会和谐，而这些也是一个社会团体中应呈现的健康的社会性别观念。

两性关系和谐是社会和谐的重要内容，它不仅关系着人类的存在方式和生活方式，也关系到人类群体的发展和未来前景。先进性别文化通过影响人们的性别观念，有利于实现社会性别主流化，从而形成一整套有利于男女平等的政策和制度体系，以保证女性在社会资源配置上得到公平对待。 我国《宪法》充分体现了男女平等的原则，有关法律也都明确规定了女性享有与男子平等的就业权利、平等的选举权和被选举权，男女平等被确定为我国的三大国策之一。但要彻底完善正确的社会性别理念，解决社会生活中性别的不平等、不和谐的问题，就必须积极构建先进性别文化，因为先进性别文化的构建的确象征着社会性别文化建设的成熟。诚然，由于我国封建传统文化的根深蒂固，以先进性别文化促进两性和谐发展的任务还相当艰巨。

3. 先进性别文化是实现先进文化建设的保障与途径

性别关系是社会关系中最基础、最普遍的关系，性别平等的发展水平也是衡量一个社会进步的标尺，没有两性平等也就没有社会的文明进步可言。因此，从转变经济发展方式和可持续发展角度来看，性别平等因素已逐步伴随着城市的变迁和发展而变得越来越受关注。而加快男女两性平等发展的进程，仅仅依靠经济发展的单方力量是远远不够的，还需要积极建设先进的性别文化，营造良好的性别文化环境。在这个意义上，先进性别文化作为先进文化的重要组成部分，为推动城市经济发展和社会持续进步提供了精神动力和智力支持。性别文化既是区别男女两性的标识，又是联系男女两性的纽带，并且还是影响两性关系和谐与否的关键。我们所要构建的先进性别文化是先进文化的组成部分，是一种符合生产力发展要求、并对社会进步起推动作用的价值观念体系，它注重男女两性人格的平等。纵观国内外对于性别的研究成果，主要集中在两性关系、两性权利、社会性别平等与公正、社会性别主流化等方面，而且大多以女性社会角色和社会地位分析为出发点，以呼唤和实现男女平等为目标。先进文化对弘扬民族精神，形成民族凝聚力，有着极大的激励和促进作用。世界上每一个成熟的民族都有属于自己的特有的文化形态和文化个性，而这特有的文化就成为民族亲和力和凝聚力的重要源泉。

中国优秀的传统文化培养了刻苦耐劳、勤俭持家、不畏强暴等民族性格和爱国主义精神，在历史上对于中华民族的发展、进步、稳定和统一起了重要的作用。今天，要实现社会主义现代化，同样离不开先进文化的凝聚和激励作用。先进文化以马克思列宁主义、毛泽东思想、邓小平理论和"三个代表"重要思想为指导，以科学发展观为统领，牢牢把握社会主义先进文化的前进方向，紧紧围绕实现全面建设小康社会宏伟目标和构建社会主义和谐社会的要求，弘扬以爱国主义为核心的民族精神和以改革创新为核心的时代精神，树立新的文化发展观，解放思想、实事求是、与时俱进、开拓创新，发展面向现代化、面向世界、面向未来的民族的科学的大众的社会主义文化，不断满足人民群众日益增长的精神文化需求，努力培育有理想、有道德、有文化、有纪律的社会主义公民，提高全民族的思想道德和科学文化素质，促进人的全面发展和社会全面进步。凡是能成为一种先进文化者，都必然在先进的理论或思想作为指导和支持下不断发展和完善。

中国两千多年的封建历史积淀而成的男尊女卑的文化意识和刻板印象造成了社会对男女作用的固有判定。在社会选择时，受过高等教育的知识女性应该与男性具备同样的竞争能力，可现代市场经济的公平原则仍不敌以男性为中心的传统习惯，许多人固守女不如男的刻板印象，片面夸大女性的负面效应，致使人们往往把好的印象和优厚的条件留给男性，却因此让很多德才兼备、学有所长的女性，连竞争的机会都无法获得，使女性处于极其不公平的劣势地位。这种趋势诱导年轻女性出现"干得好不如嫁得好"、"曲线就业"等爱情婚姻观念。先进性别文化的建设正是要打破这样的固有社会思维，建立健全的新的性别思维意识，只有建立正确的两性思维模式才能更好地推进我国的经济发展并实现先进文化的建设，从而很好地推进精神文明的大发展。先进文化能为中国经济发展和社会全面进步提供精神动力；先进文化可以使全社会形成共同的理想和精神支柱，激励人们团结一致，克服困难，争取各项事业取得更大胜利；先进文化更是中国综合国力和国际竞争力的深层支撑，也是中国共产党夯实执政基础、巩固执政地位的核心内容。因此，只有提倡建立健全的性别文化，弘扬先进性别文化，掌控男女性别中心理与生理的内在发展规律，才能推进先进文化的发展，而只有推进先进性别文化的建设，不断在实践中提高发展先进文化中人本的领悟力和前瞻性，才能体现文明建设社会主义家园的精髓。培养妇女群体提高主体参与意识，敢于和善于维护自身合法权益，在参与中求平等，重点加强和创新妇女思想道德教育，又要大力宣传马克思主义妇女观和男女平等基本国策，营造全社会尊重妇女、关心妇女、爱护妇女、促进妇女发展的良好氛围。要大力推进先进性别文化建设，创造更加有利于妇女发展的社会文化环境，实现科学发展和社会和谐。

随着我国先进文化建设的加强，性别平等的理念也渗透不断深入人心，女性在政治经济生活中也扮演着越来越重要的角色。广大妇女的各项权益得到较好保障，社会地位明显提高，生存状况明显改善。但真正要实现男女平等，目前还面临许多困难和问题。因此，还要发挥党和政府在推进先进性别文化建设中的主导作用。各级党委、政府要真正把性别意识纳入决策主流，进一步完善维护妇女合法权益的法律法规和政策体系，在制定实施国家立法规划、公共政策和社会发展综合评价指标体系中，充分体现男女平等的宪法精神和国策要求，体现社会性别意识。在法律上保障、从源头上保护妇女合法权益，确保男女两性平等享受社会资源和发展机会。同时，要发挥大众文化的基础作用，积极建立传媒性别导向和监督机制，认真审视大众传媒的相关内容和信息是否有性别歧视或者裹着先进文化外衣的陈旧文化元素。家庭和学校要重视对下一代进行男女平等教育，开展群众性的移风易俗活动，逐步消除传统风俗习惯中的性别歧视。

未来，通过先进性别文化的构建来实现先进文化的建构，从而建立正确而科学的社会性别意识与观念仍旧步履艰辛。为实现精神文明建设和社会的和谐发展，先进性别文化需要发挥更加重要的作用，在媒体融合时代的今天，更广阔的传播先进的性别理念，塑造平等的性别文化氛围，也是体现媒体价值，共同建设和谐家园，实现我国文化繁荣的重要内容。

◇◇◇◇◇◇　**学习思考题**　◇◇◇◇◇◇

1. 什么是先进性别文化？先进性别文化与先进文化建设的关系是什么？

2. 封建社会对女性的束缚主要体现在哪几个方面？

3. 资本主义社会对性别的认知与封建制社会的差别在哪里？

 案例链接

1. 史上被"裹足"的女人

缠小脚最早开始于公元 969—975 年南唐李煜在位的时期，李后主的一个宫娘别出心裁，用帛将脚缠成新月形状在金莲花上跳舞取悦皇帝。后来这个做法流传到民间，缠小脚之风渐渐普及到了百姓人家。但也有人认为，早在公元前 770—前 476 年的战国时期，缠小脚就已出现了，或许更早还可追索到商代。这一封建社会的恶俗具有悠久的历史，千百年来残害了数不清的中国妇女。缠小脚是父权制传统下"男尊女卑"最突出的表现之一。据记载，民间女子从四五岁就开始缠小脚，到成年时脚长若不超过三寸，即成为备受赞赏的"三寸金莲"。在当时，这样的小脚被认为是"女性美"的一个重要方面。即使长相、身材再好的女子，如果是一双天足或脚缠得不够小，就会遭人耻笑，并且嫁不出去。清朝中后期的太平天国，首先开始推行反缠足，但最后未能成功。到了清朝末期，缠足被当时的知识分子们视为中国社会落后的象征之一，并认为缠足造成中国妇女的柔弱，进而影响到整个民族及国家的力量，因此开始推行反缠足运动，成立许多"天足会"。辛亥革命后，中国的缠足风俗开始从沿海大城市消失，并逐渐影响到内陆地区，缠足风俗的完全消失，最晚大概到 1940 年至 1950 年前后，缠小脚渐渐退出历史舞台。

2. 法国女工的悲惨境遇

19 世纪，法国有 20 多万女工，每天挣的钱还不到 50 生丁(生丁：法国货币单位；100 生丁 =1 法郎)。她们要匆匆忙忙地从家里跑到工厂去上班，而且，直到不久以前，她们在工厂之外也只能靠洗衣和做家务的苦力活儿挣钱。但作为补偿，女性在棉和丝织业有了大量的就业机会。纺织厂尤其雇用女工，纺织劳动是在极其有害于健康的条件下进行的。"饰带厂的一女工在工作时，为了手脚并用，几乎不得不把自己悬在皮带上。"1831 年，丝织工人每天要从早上 3 点干到天黑。并且工厂里的劳动环境是有害健康的。那里一年四季见不到阳光，年轻的女工有一半还没满学徒期就会得肺结核。她们若是抱怨，就会受到指责。而且，男雇员还经常占年轻女工的便宜。工厂主说他喜欢使用已婚妇女，特别是那些必须养家活口取得必要生活资料的女性。这样一来。美德，女性特有的美德，反而害了她们自己。她们恭顺的天性，竟成为使她们受奴役和苦难的手段。G·德尔维勒(G. DerVille)写道："女人要么当宠物，要么做役畜，她们处境十分悲惨。她们不工作时要靠男人养活，拼命工作时仍要他养活。" 据 1889—1893 年做的一份调查，法国女工在日工作量和男人相等的情况下，其收入只是男人的一半。另据 1908 年的一份调查，在家里工作的工人，每小时工资最高不超过 20 生丁，一般只有 5 生丁之低。一个受到如此剥削的女人，要在无救济或无保护人的情况下生活下去是不可能的。

3. 旧中国的性别歧视——女工的命运

旧中国的女工不仅受到本国资产阶级和封建势力的剥削和压迫，尤其受帝国主义侵略者和外国资本主义的压迫和剥削。女工是最廉价的劳动力，工时长(一般每天要 14 至 17 小时)；工资低(男女同工不同酬。如上海缫丝、棉纺等 17 种产业，1931 年男工月平均工资 24.48 元, 女工月平均工资只有 10.36 元); 劳动条件恶劣(没有劳动保护和社会保险, 产前产后没有休息, 往往怀孕就会被解雇, 伤残病老就被踢出厂门); 厂方将各种虐待加在女工身上, 不仅有罚工、克扣工资、严刑拷打, 还有搜身、调戏和强奸等人身污辱。1924 年 2 月上海丝厂失火, 女工被关锁在宿舍内, 厂主怕丢失货物, 竟不肯开锁救人, 以致烧死女工 300 多人。包身工的处境更为悲惨。她们都是包工头从农村招来的女童和女青年, 契约规定的包工期限长达三年、五年, 甚至七年、八年, 工资全部交包工头, 上下班由包工头押送, 不许与外界有任何的联系。她们吃的是霉米、烂菜, 住的是臭虫成堆、蚊蝇成群的 "鸽子笼", 有病得不到医治, 往往未到包工期满就被折磨而死。

社会性别与法律

性别话题是当前这个社会极为重要的议题。对于性别问题的妥善解决，关系到国家、社会和个人的利益。进入 21 世纪以来，越来越多的性别事件出现在我们的面前：男女不同龄退休；女性参政比例低，就业门槛高；高等院校男女招生分数不同；广告赤裸裸表达对女性的歧视等等。但同时我们也要看到：男女平等基本国策首次进入党的十八大报告中；男性参与制止对妇女暴力的网上签名活动；国内首个促进就业平等委员会成立……这些是性别平等道路上的希望和未来。

本章从法律角度着手，首先阐述了性别视角下的法律体系；接着分析了性别视角下道德体系的构建；最后阐明了运用法治思维促进两性和谐发展。

中国共产党人从新民主主义革命时期就形成了保障妇女权益的优良传统——这是当时革命的需要，更是由共产党这一政党自身的属性所决定的。新中国成立以后，我国政府充分认识到了法律在保障妇女权益中的重要作用，并初步构建了保障妇女权益的法律体系。但是，进入 21 世纪，越来越多的性别事件进入人们的视野，揭示出了这样的一个问题：随着改革开放和社会主义现代化建设事业的不断深入，妇女问题体现出了多样性、复杂性的特点。妇女问题的复杂性和多样性亦要求相关部门要作出法律上的回应。因此，完善保障妇女权益的法律体系是切实保障妇女权益的前提，是建设我国社会主义市场经济法律体系的内在要求，也是调动妇女参加我国社会主义现代化建设之积极性、充分发挥妇女"半边天"作用的根本途径。

一、社会性别视角下的法律体系

新中国成立、特别是改革开放以来，我国政府注重并不断加大创制保障妇女权益的法律法规的力度。从当前的情况来看，我国保障妇女权益的法律体系已初具规模，基本形成了以《中华人民共和国宪法》为基础，以《中华人民共和国妇女权益保障法》为主体，包括国家各种单行法律法规、地方性法规和政府各部门行政规章在内的一整套保护妇女权益、消除性别歧视、促进性别平等等较为完善的法律法规体系。这也是作为中国特色社会主义法律体系的重要组成部分。与《中国妇女发展纲要》设定的妇女宏观发展目标相比照，现行保障妇女权益的法律法规涉及妇女在参政、劳动就业、教育、家庭、健康等诸多方面的权利。完善妇女权益的法律保障体系，有利于提升妇女权益保障能力，促进性别平等。将男女平等国策纳入法律和社会公共政策体系，有利于推动妇女依法平等行使民主权利，平等参与经济社会发展，平等享有改革发展成果。

1. 性别平等与宪法保护

《中华人民共和国宪法》是国家根本大法，具有最高的法律效力，是其他法律的立法依据。

2004 年 3 月 14 日，十届全国人大二次会议通过《中华人民共和国宪法修正案》，将"国家尊重和保障人权"写入宪法。作为人权的重要组成部分，我国妇女人权得到强有力的宪法保障。《宪法》第四十八条规定："妇女在政治的、经济的、文化的、社会的和家庭生活各方面享有同男子平等的权利。国家保护妇女的权利和利益，实行男女同工同酬，培养选拔妇女干部。"《宪法》第四十九条规定："婚姻、家庭、母亲、儿童受国家的保护……禁止虐待老人、妇女和儿童。"这些宪法条款是性别平等的立法基础和立法原则。

2. 性别平等与《妇女权益保障法》保护

《妇女权益保障法》自 1992 年 4 月 3 日通过以来，2005 年首次修订，将男女平等基本国策用法律的形式固定下来。《妇女权益保障法》第二条规定："实行男女平等是国家的基本国策。国家采取必要措施，逐步完善保障妇女权益的各项制度，消除对妇女一切形式的歧视。国家保护妇女依法享有的特殊权益。禁止歧视、虐待、遗弃、残害妇女。"其次，该法还明确了妇女权益保障的执法主体是政府。《妇女权益保障法》第六条规定："各级人民政府应当重视和加强妇女权益的保障工作。县级以上人民政府负责妇女儿童工作的机构，负责组织、协调、指导、督促有关部门做好妇女权益的保障工作。县级以上人民政府有关部门在各自的职责范围内做好妇女权益的保障工作。"这一规定从"各级人民政府"、"人民政府负责妇女儿童工作的机构"、"人民政府有关部门"三个层面，进一步明确了《妇女权益保障法》的执法主体，强化了各级人民政府的责任。

再次，该法规范了妇联组织的职责和作用。《妇女权益保障法》第七条规定："中华全国妇女联合会和地方各级妇女联合会依照法律和中华全国妇女联合会章程，代表和维护各族各界妇女的利益，做好维护妇女权益的工作。工会、共产主义青年团，应当在各自的工作范围内，做好维护妇女权益的工作。"除此之外，该法对妇女权益领域进行了全面补充和完善，从立法、司法、行政、社会监督等多个方面采取了新措施。该法是促进妇女发展，落实性别平等的有力保障。

3. 性别平等与就业法保护

在就业方面，中华人民共和国第十届全国人民代表大会常务委员会第二十九次会议于 2007 年 8 月 30 日通过《中华人民共和国就业促进法》，自 2008 年 1 月 1 日起施行。《就业促进法》专设"公平就业"一章，强调除国家规定不适合妇女的工种或者岗位外，用人单位不得有性别歧视。第六十二条更是明确规定："违反本法规定，实施就业歧视的，劳动者可以向人民法院提起诉讼。"

4. 性别平等与劳动法保护

在劳动和社会保障方面，2007 年 6 月制定的《劳动合同法》明确规定，女职工在孕期、产期、哺乳期的，用人单位不得解除劳动合同。

2010 年 10 月 28 日十一届全国人大常委会第十一次会议通过的《社会保险法》规定，国家建立基本养老保险、基本医疗保险、工伤保险、失业保险、生育保险等社会保险制度。

2012 年 4 月 18 日国务院第 200 次常务会议通过并公布《女职工劳动保护特别规定》，自公布之日起施行。《女职工劳动保护特别规定》第五条规定："用人单位不得因女职工怀孕、生育、哺乳降低其工资、予以辞退、与其解除劳动或者聘用合同。"该法第十一条规定：“在劳动场所，用人单位应当预防和制止对女职工的性骚扰。”

5．性别平等与其他法律保护

在财产权利方面，2003年开始实施的《农村土地承包法》规定，妇女与男子平等享有农村土地承包权利，任何组织和个人不得剥夺、侵害妇女的土地承包经营权。最高人民法院出台了《关于审理涉及农村土地承包经营纠纷案件适用法律问题的解释》，农业部就土地承包经营权证管理、土地承包经营权流转管理和农村集体经济组织征地补偿费监督管理等出台了一系列规章和规范性文件。2010年1月1日起施行的《农村土地承包经营纠纷调解仲裁法》保障了农村妇女，特别是出嫁女、离异妇女的土地承包经营权。

在人身权利方面，2007年国务院颁布实施了《中国反对拐卖妇女儿童行动计划(2008—2012年)》，制定了针对拐卖妇女儿童的预防、打击、解救、康复为一体的综合措施。2010年4月1日，最高人民法院、最高人民检察院、公安司法部正式发布《关于依法惩治拐卖妇女儿童犯罪的意见》，侧重从立案、管辖、证据收集和定罪量刑等多个方面形成整体合力，加大对此类犯罪的侦破和惩治力度。

法律要保障性别平等，离不开地方配套法规、相关政策提供保障。党的十八大以来，国家制定或修订了许多部落实男女平等基本国策、维护妇女合法权益、促进性别平等的法律法规文件。

二、性别平等的道德体系构建

2012年11月8日上午，胡锦涛同志在中国共产党第十八次全国代表大会上做了题为《坚定不移沿着中国特色社会主义道路前进，为全面建成小康社会而奋斗》的报告。报告中提到有关妇女儿童事业和妇女工作的内容，"坚持男女平等基本国策，保障妇女儿童合法权益"，这是向全社会发出建立性别平等的积极呼吁，这是我国社会文明发展、进步、提高的标志，也是建立社会性别平等的理论基础。这一理论为我国男女两性在社会生活中发挥同等重要作用，在全面建设小康社会中共建共享社会成果，同享各项合法权益奠定了重要理论基础。"男女平等"是我国的一项基本国策，"社会性别平等"是"男女平等"国策的具体表现，必须大力宣传倡导社会性别平等，让更多人认识、接受直至在工作中和社会中自觉地贯彻实施。

1. 依法治国与以德治国

依法治国是指用完善的法律制度来治理国家。依法治国是我国实现法治的目标任务。所谓以德治国，从本质内容上讲，是一种思想文化基础性的教育工作，是以德树人，即通过加强社会道德体系的宣传教育，提高人们的社会道德意识水准，使人们在行为方式方法的选择上和人生价值取向上有一个正确的方向、目标和标准，使人们按照文明高尚的行为准则去生活、学习、工作、交往，以此来保持各种各样社会关系的协调有序和健康稳定。依法治国是现代政治文明的标志，是政治建设的基本任务和目标。以德治国是现代精神文明的标志，是思想文化建设的基本任务和目标。社会性别平等意识的形成既要法治做强有力的保障，也离不开道德舆论的大力宣传。

依法治国是最根本的具有最权威性和主导性的国家治理方式和手段。以德治国是一种思想文化基础性的教育工作和辅助性的精神治理方式和手段。加强社会性别平等道德教育，提高国民的性别平等意识水准，是实现性别平等依法治国的思想基础和精神动力，对性别平等法治的实行起着推动、强化和维护作用。法律制度一般是从社会现实条件出发，从能为大多数人接受和实施的现实角度来做出规定的。而社会道德规范从倡导一种比法律制度更高级更文明的社会风尚的角度出发，要考虑未来社会发展的需要，即使现实社会中许多人做不到，也要通过道德教育去提倡和引导。所以当先进的性别平等道德意识一旦普遍培养起来，就给性别平等法治的实施奠定了良好的思想文化基础，就能帮助人们确立性别平等的思维方式和价值取向。性别平等道德意识水准高的人，遵守性别平等法律的自觉性都比较高。所以，全民性别平等道德水准的提高，会对性别平等法治全面、正确、有效地实施，起到强大的思想保障作用和精神推动作用。性别平等道德规范和性别平等法律规范在内容上互相渗透，加之道德规范调整的领域范围比法律规范要广泛深入得多，所以通过对充分发挥道德这种精神治理方式与手段的作用，可以弥补法治方式与手段的不足。性别平等法律制度是培养和传播性别平等道德规范，树立良好的社会性别意识的有效形式和有力工具。性别平等法治的实行，对性别平等道德意识的普遍形成和发扬光大，起着促进作用和保障作用。

因此，"男女平等"国策的落实，社会性别平等意识的推广和普及，一方面国家要制定、修订落实男女平等基本国策、维护妇女合法权益、促进性别平等的法律法规文件；另一方面，国家要通过宣传和倡导，逐步树立社会性别平等意识。

2. 提升大学生性别平等意识

通过媒体对"男女平等国策"写入十八大报告的大力宣传以及我国民众对性别平等概念的理解和接受，我国高等院校男女大学生的性别意识和态度有了极大进步和提高。但我们也不能忽视其中存在的问题，比如大学生自觉的性别平等意识比较淡漠，科学的性别知识较为缺乏。中国是一个封建社会绵延几千年的国家，尽管法律明确规定男女平等，但传统社会性别观念由来已久、根深蒂固。"男主外，女主内"，"男强女弱"，"干得好不如嫁得好"的传统性别观念根植于大学生的思想意识中，为性别歧视的繁衍提供了肥沃的土壤。有些大学生表现出对社会性别刻板印象的认同。大学生对男女的不同角色期待和双重标准成就了社会对男性的期待更多是才华横溢、事业有成；对女性的期待则更多是贤惠温淑。男女学生在学习兴趣、学习方式、闲暇活动、性别特征、职业和发展期待等方面都存在不同程度的差异，相当多人认为这些差异是自然的、正常的。有些女大学生对分配和就业中的性别歧视的反感是情绪性的、个别化的，缺乏自觉理性和集体行动。社会对男女两性不同的角色期待不仅影响到女性进入劳动力市场后的职业选择，也影响到用人单位的招聘行为。面对招聘行为中的性别歧视，多数同学选择默认。

大学生是国家宝贵的人才资源，是民族的希望、祖国的未来，肩负着人民的重托、历史的责任。大学阶段，是人生发展的重要时期，对大学生进行社会性别教育意义重大。大学生的性别观念和行为，是构成大学生素质的有机组成部分，个体的性别观念和行为是与他(她)的文化素养、道德品质和思想觉悟相关连的。他(她)们的性别意识、态度和性别角色的定位，不仅关系到他(她)们自身未来的平等参与和发展，还将直接影响到成千上万的未来的家庭质量和未成年人的发展。针对当下出现的种种性别事件，当代大学生要运用马克思历史唯物主义的观点，分析和解释社会生活中的种种社会性别不平等现象，认识社会性别形成和消除的历史必然性；男女大学生要有正确的性别观念和知识，改变沿袭已久的性别刻板印象和性别偏见；作为大学生，特别是女大学生要有一个认识自我和社会的女性视角，增强自信心和自主意识，把个人感性的、下意识的性别经验提升为女性群体共同的、理性的自觉认识和行动，以提高大学生的个人素质。

现代社会女性地位有了很大的提高，女性所扮演的角色越来越重要，人们的性别观念也有了可观的改变。但确实还有些不尽如人意的地方，只要男女发展存在明显的差距，只要妇女发展仍然落后于社会经济发展，就必然会导致社会发展整体不协调。只有男性发展而没有女性发展的社会是不完整的，也是不和谐的社会。只有高度重视和切实解决两性在发展中存在的诸多问题，将其消除于初始和萌芽状态，才能长期保持社会和谐与健康发展。实际上，在当今社会中，女性依然身兼社会和家庭角色的双重身份，她们所承担的义务和责任与男性是一样的。胡锦涛主席曾指出："妇女是创造人类文明的一支伟大力量。"女大学生作为知识女性，最具潜力、活力和竞争力，具有成才的优势，她们是妇女人才的后备军，可成为堪当重任的优秀人才。女大学生人才的培养，有利于她们的成长成才，更有利于全面建设小康社会和和谐社会目标的实现，有利于社会主义现代化建设和我国国际竞争力的提高。全社会应培养和造就大学生人才，树立女大学生人人都可以成才，行行都可以出人才的观念。整个社会应广泛树立公平意识，自觉地改变社会对男女价值的评价体系。

作为一名女大学生不仅应具有高水平的文化素养、道德品质和思想觉悟，还应具备科学的性别知识。女大学生要树立男女性别平等意识，涤荡残存在头脑中的陈腐思想，扫除性别盲点，改变沿袭已久的性别角色刻板观念和性别偏见，增强性别敏感度，形成正确、先进、理性的性别价值观，从学识、修养、能力、气质、品格、情操等多个方面提高自身综合素质。女大学生要有"四自"精神，即"自尊、自信、自立、自强"。"四自"精神是女大学生健康成长的精神支柱，是女大学生成才的关键。女大学生要树立女性主体意识，克服依赖性和盲从性，增强独立思考和行为的能力，主动参与竞争，勇于承担责任，充分尊重自己作为一个完整的人的主体地位。

大学阶段，是人生发展的重要时期，大学生要看到日常生活、工作、学习中存有的性别偏见，打破传统性别观念，树立科学的性别意识，并将其内化于自身的行动中，使大学生主动性地将科学的社会性别意识蕴涵于个人行为之中，生成自己的行为准则，从而激发学生形成自我养成教育，并通过自身行动辐射到生活、学习、工作等更广的领域。

3. 男女两性共同参与推进性别平等

有史以来，两性和谐始终是社会和谐的基本要素，也是建构整个社会和谐生态系统的重要支撑。从长期建设而言，男女平等终究是以两性和谐、相互尊重、共同发展为目标的，男女两性作为人类社会的基本构成，彼此的发展互为影响，紧密联系，形成一体。争取男女平等的过程，一定是男女两性共同追求、探索和创造的过程。因为只有经过男女两性的共同努力，才能建构出体现平等思想的社会关系。任何一个性别的缺席都会使这一建构过程缺乏真正平等的可能。贯彻男女平等的基本国策，只有女性的觉悟和投入是远远不够的，还需要男性的觉醒和参与。推动男女平等发展，男性的力量十分重要，不可或缺。为此，一方面要大力提高女性的性别平等意识，引导和帮助女性克服传统性别文化带来的自卑、懦弱等弱点，缩小与男性的思想差异，提高自身发展能力；另一方面也要大力提高男性的性别平等意识，将男女平等的先进文化观念推广到男性的思想领域中，使他们深刻认识到传统性别文化观念的不足和缺陷，认识到自己和女性所具有的是共同利益，从而增强他们参与促进性别平等、改变现状的积极性和主动性。

三、运用法治思维促进和谐发展

1. 法治思维与法治方式的内涵

党的十八大报告明确指出："提高领导干部运用法治思维和法治方式深化改革、推动发展、化解矛盾、维护稳定能力。"这一论断明确提出了"法治思维"概念，对新时期治国理政提出了新标准、新要求。

"法治思维"，顾名思义，是一种运用法治价值来认识世界的思维方法，是法治价值在人们头脑的思维形态中形成思维定势，并由此产生指导人们行为的思想、观念和理论。党的十八大报告首次直接将法治思维写入其中，充分显示出法治思维在打造法治中国、构建和谐社会中的重要意义。这也让我们清醒地认识到，不仅是法律学者、法律工作者需要具备社会性别平等的法治思维，各级领导干部及国家工作人员也都应该自觉提升运用社会性别平等的法治思维推进社会性别和谐发展、化解性别矛盾、维护社会稳定的能力，甚至每一个大学生都应该积极将社会性别平等的法治思维作为规范自己言行举止的内在指引，从而努力形成社会性别平等法治中国人人共建、社会性别平等法治秩序人人共享的社会格局。

"法治方式"，是指公权力执掌者在法治理念和法律精神的指导下，通过制定、执行法律、法规，运用法律、法规创制的制度、机制处理各种经济、社会问题，解决各种社会矛盾的措施和手段。"法治思维"与"法治方式"实际上是一回事，都是强调要运用法治价值来支配人们的言行，但也各有侧重。"法治思维"强调要求人们在思维习惯中养成运用法治价值来进行思考的习惯，"法治方式"则注重法治价值对人们行为的直接指引和规范作用。故"法治思维"与"法治方式"紧密相关，如果不能养成"法治思维"，要在实践中准确有效地运用"法治方式"来解决问题无异于天方夜谭。

2. 科学运用法律武器

男女平等国策的落实，社会性别意识的提高，要不断修订和完善性别平等法律体系，增强法律对性别平等行为的强制作用和违法行为的惩处力度，营造性别平等的法律环境；建立完善有利于性别平等的社会政策。发挥社会政策在社会资源和利益分配中的导向作用，将性别意识纳入社会政策，充分考虑女性的性别利益，通过政策的实施向性别弱势群体倾斜，体现社会公平，通过政策实施推进两性平等由法律平等向事实平等转化。

加强对法规政策中违反男女平等原则内容的监督。依法加强对违反男女平等原则法规政策的备案审查，并对现行法规政策中违反男女平等原则的条款和内容进行清理，使男女平等国策落实到具体的法条中来。

运用法律维权。法律是维护合法权益的最后屏障，是不应该被忽视的。我们倡导培养社会性别平等意识、平等思维，但更应该让大学生朋友知道如何做、做什么。在现实社会中法律维权常常被放弃，重要原因是通过法律途径要浪费较大精力，花费较高费用，而学生是一个弱势群体，一没资金，二没时间，三没精力，只好选择放弃。

大学生如何维权呢？首先，应在大学期间了解社会性别平等的内涵和具体要求，充分利用报刊、广播、电视、网络等手段进行社会性别平等知识的了解和学习，掌握社会性别平等具体的法律规定。其次，当大学生朋友在就业或其他社会生活领域遇到性别歧视问题时，要相信法律的公正，克服冲动的心理，在镇定中搜集证据，保证权利的行使。因为如果自身权利受到侵害，但是没有办法证明时，只能是徒劳一场。所以建议要妥善保管在就业或其他社会生活领域产生的协议、合同等证明性凭证。第三，权利意识增强了，还要付之于实践，"为权利而斗争"，即使有时维权道路很崎岖，也要敢于直面，敢于运用法律。在接受维权意识教育的同时，当合法权益受到损害时，敢于"拿起法律武器"维护自己的权益！不仅要依法维权，而且要充分利用各种机会和场所争取权利。

3. 自觉加强道德约束

学习宣传保障性别平等的法律知识，提高自身的道德意识。学校是培养人才的摇篮，基础教育是一个人观念意识形态形成的重要时期，把男女平等国策教育纳入到学校教育中，能够从基础做起，所以在大学生当中广泛宣传性别平等法律知识是最实际的、最有效的途径。男女平等基本国策是一个抽象的概念，具有高度概括性的特点。它不是一个孤立的法律政策，它由众多的法律法规和政策文件所组成，我们要大力推动男女平等基本国策的宣传教育，让每一个大学生都了解男女平等基本国策在我们国家法律中的具体表现，自觉树立性别平等意识。

◇◇◇◇◇ **学习思考题** ◇◇◇◇◇

1. 如何理解我国性别平等法律的本质？建设性别平等法治国家的主要任务是什么？

2. 联系实际，谈谈你对大学生树立法治思维促进和谐发展的意义。

3. 大学生应该如何建立正确的性别观念？如何提升性别平等意识？

 案例链接

1. "黑色八月"女大学生屡遭侵害事件

据媒体不完全披露，仅 2014 年 8 月份一个月内，全国发生 4 起女大学生受害案：8 月 9 日，20 岁的重庆女大学生高某，错上陌生人的车后，被车主蒲某某杀害；8 月 12 日下午，江苏 19 岁女大学生高某某在吴江区桃源镇一村道上行走时，被犯罪分子王某某抢劫杀害；8 月 25 日，52 岁的黑车司机代某，在济南火车站以骑电动车送女大学生金某去西客站为由将其骗至住处，对其实施多次性虐待；8 月 29 日，杭州女大学生小王出门去上班，不久便与家人失去了联系。当晚，余杭警方在当地村道附近一个水坑内发现了一具女尸，经确认，就是失联的女大学生小王。大家在谴责黑车司机的凶残和道德沦丧外，更多的是对当前女大学生防范意识薄弱的忧虑和担心。

从失联到被囚禁性侵甚至遭杀害，罪犯的魔爪频频伸向正值青春年少的女大学生。当下社会，女孩子们都喜欢以"女汉子"和"纯爷们"自称。客观来说，这样的说法多有一些娱乐的成分，许多女孩子喜欢一个人独来独往，并非常信任当下这个看似和谐、安宁的社会秩序。对于许多没有社会经验的女学生而言，这世上似乎没有坏人，即便是黑出租司机，也可能都是一些好心人。但是，女性仍然是女性，在生理、体质、机能的各个方面，都处于天然的弱势，这是必须要强调的。

女性尤其是女孩子们必须认清以下几个现实：一是，一些人对这个社会是有情绪的，因此，社会治安未必如校园里一样好；二是，每一个城市都存在大量的流动人口，他们居无定所，有些人的性格乖张而变态；三是，男性的数量已经远远超过女性，有统计称我国男性比女性多 3000 万，大量单身男性也容易出现一些社会问题，甚至于会出现一些如西方电影中的"恶魔"；四是，社交网络的发达，让女孩子们多了一些网恋机会，也容易让女孩子们选择单身出行。这些都是需要女孩子们警惕的。

联合国妇女署在 2011 年成立后发布的第一个主要报告《世界女性进展：追求公正》中指出，虽然女性越来越强势，但在许多场合，女性仍然面临不公正、暴力或不平等的遭遇。

2. 男性参与反对性别暴力

2012 年 11 月 25 日至 12 月 10 日，国际制止针对妇女暴力 16 日行动期间，联合国人口基金驻华代表处联手"联合国团结起来制止针对妇女的暴力运动男性领导人网络"中国成员方刚博士，在互联网上发起男性承诺反对针对妇女暴力的活动，16 天内多名男性以实名做出承诺。

① 保证永远不因为任何原因，对女性使用任何形式的暴力；

② 保证对于其他人针对妇女的暴力，不做沉默的旁观者，而会采取措施坚决制止；

③ 将利用一切可能的机会，宣传、推动反暴力行动，促进性别平等的全面实现。

开展这一活动的目的是宣传倡导男性参与反对针对女性的暴力。虽然每个承诺者都是个人，但是，积少成多，累积个人的努力，将促成全社会的平等和进步！(该事件入选 2012 年中国十大性与性别事件。)

3. 性侵犯案件受到广泛关注

自 2013 年 5 月"海南校长开房"事件之后，女学生、留守女童受性侵犯的报道集中出现，令人震惊。而后，反性侵话语海量呈现，反性侵教育大量走进课堂。2013 年 10 月，四部委发布《关于依法惩治性侵害未成年人犯罪的意见》。

面对女生、留守女童性侵犯，除了建立完善的法律制度保障外，也需要加强旨在提升青少年自我保护的性教育。(该事件入选 2013 年中国十大性与性别事件。)

4. "我可以骚，你不能扰"行动

2012 年 6 月 20 日，上海地铁第二运营公司官方微博发出一张着后背透视装女性的照片，并以"穿成这样不被性骚扰才怪"、"女孩请自重"的文字"善意"提醒女性要注意车厢性骚扰。两名年轻女子于 24 日在地铁手持"我可以骚，你不能扰"字幅抗议。

"女孩请自重"表明了女性在"反性骚扰"等议题中被动保守的一面，"我可以骚"表明了女性在公共空间中的主体姿态及身体的自主权；"你不能扰"以刚柔而果断的方式呈现女性对性骚扰的拒绝。(该事件入选 2012 年中国十大性与性别事件。)

5. 女权主义者徒步中国

2013 年 9 月，24 岁的女权主义者肖美丽徒步从北京向广州行进，沿途向当地有关政府部门递交关于防范校园性侵的建议，向路人进行宣传，征集联署签名；她同时在沿途高校与学生交流，鼓励大家参与性别平等运动。此次徒步是一次性别平等的倡导，具有拓宽女性生存空间的象征意义。(该事件入选 2012 年中国十大性与性别事件。)

社会性别与健康

    "健康"这个话题，现在越来越多的受到人们的重视，因为人类只有在保证健康的大前提下才能进行其他的各种行为。性别视角下健康知识的普及，关系到国家、社会、家庭和个人的利益。近年来，越来越多的"富裕病"、癌症、心理问题等健康问题出现在我们周围：高血压、高血脂、高血糖、肥胖症、各种类型的癌症、心理疾病、抑郁症、家庭或者社会关系不和谐等等；女性的身体健康、饮食健康、心理健康、社会交往等方面越来越多的受到关注。

    本章从健康角度着手，首先讲述性别视角下的身体健康；其次分析性别视角下的心理健康；最后阐述性别视角下的社会关系健康。

    健康是指一个人在身体、精神和社会等方面都处于良好的状态。传统的健康观是"无病即健康"，现代人的健康观是整体健康，世界卫生组织提出"健康不仅是躯体没有疾病，还要具备心理健康、社会适应良好和有道德"。健康是人的基本权利，是人生的第一财富。现代健康的含义是多元、广泛的，包括生理、心理和社会适应性三方面。本章将从性别角度介绍健康，主要为女性的健康。

一、社会性别与身体健康

1. 身体健康的标准

世界卫生组织给健康提出了十条标推：

(1) 有足够充沛的精力，能从容不迫地应付日常生活和工作的压力。

(2) 处事乐观，态度积极，乐于承担责任，不挑剔事务的巨细。

(3) 善于休息，睡眠良好。

(4) 应变力强，能适应环境的各种变化。

(5) 能够抵抗一般性感冒和传染病。

(6) 体重得当，身体均匀，站立时，头、肩、臂位置协调。

(7) 眼睛明亮，反应敏锐，眼睑不发炎。

(8) 牙齿清洁，无空洞，无痛感，牙龈颜色正常，无出血现象。

(9) 头发有光泽，无头皮屑。

(10) 肌肉、皮肤有弹性，走路感到轻松。

2. 亚健康

亚健康是一种临界状态，处于亚健康状态的人，虽然没有明确的疾病，但却出现精神活力和适应能力的下降，如果这种状态不能得到及时的纠正，非常容易引起心身疾病。亚健康即指非病非健康状态，这是一类次等健康状态，是介于健康与疾病之间的状态，故又有"次健康"、"第三状态"、"中间状态"、"游移状态"、"灰色状态"等称谓。世界卫生组织将机体无器质性病变，但是有一些功能改变的状态称为"第三状态"，我国称为"亚健康状态"。

3. 饮食与身体健康

饮食是维持人体生命的必需物质，但是饮食不当则又会成为疾病发生的重要原因。因此我们应该注意饮食调理，做好疾病防治。饮食关系到人体的健康和疾病的防治，因此在日常生活中必须特别加以注意，并加以调理。饮食调理原则主要是：一是饮食要多样化，合理搭配"五谷为养、五果为助、五畜为益、五叶为充"。即是说谷类为食品，肉类为副食品，用蔬菜来充实，以水果为辅助。五味为酸、苦、甘、辛、咸。五味和五脏相联系，"五味入胃，各有所喜"，"心欲苦、肺欲辛、肝欲酸、脾欲甘、肾欲咸"。所以酸先入肝，苦先入心，甘先入脾，辛先入肺，咸先入肾。只有五味调和才能滋养五脏，促进身体健康。二是饮食要有节制，切忌过饮过食甚至暴饮暴食。总而言之，饮食的调理宜清淡素食，忌膏粱厚味，春食凉，夏食寒，以养阳，冬食热，以养阴。特别是女性的身体较男性身体弱，还承担生育的重任，更要注重身体健康。

4. 运动与身体健康

生命在于运动，坚持体育活动，不仅可以增进健康，而且可以预防疾病。对于压力日趋加重的现代女性来说，适当地进行身体锻炼是具有好处的。不仅可以提高运动素质，还可以做到劳逸结合，使智力水平得到充分的发挥。

女性的自我身体锻炼的主要特点在于有计划性和有目的性，以自身的身体健康和运动能力为基点，不易做过于剧烈和高强度的运动。制定出短期与长期的自我锻炼计划。同时，既要用规划去约束主体行为，又要在实践中调整和充实锻炼计划，这是女性自我身体锻炼有效性的根本保证，也是女性迎接现代生活方式与现代人标准挑战的有力武器。

生命在于运动，女性经常运动可以保持完美的身材，增强免疫力，但是有哪些运动是适合女性的呢？①　骑自行车：自行车可以算是一种交通工具，我们可以每天骑自行车去上班，骑自行车可以活动腿部关节，消耗能量，从而可以减肥；②　跑步：女性每天早晨起床适当地晨跑，呼吸新鲜的空气，可以增强呼吸系统的功能；③　练瑜伽：适当地练习瑜伽动作，能够调节生理平衡，还可以减压，促进新陈代谢和血液循环，保持良好的身材，可以说是百益而无一害；④　跳舞：跳舞能够放松自己，增加身体的柔韧性。

女性选择身体锻炼的内容时，应随季节的变化做出相应的安排，不必一次确定不再更改，可先初步决定后，试行一段时间，如感到有必要，也可以进行调整或变更，但不宜变更太多。制定出自己的锻炼计划后，就应自觉遵守，持之以恒。

5. 性健康

性健康应该包括：性观念健康、性生理健康、性行为健康和性心理健康四个方面。性观念健康，是指要认识到性具有两重性，有自然属性的一面，是人的一种本能；是人的一种本能，又有社会属性的一面，是要受所在国家法律、道德、传统观念、民俗民风等的制约。性生理健康，是要注意性器官的卫生，预防各种性的疾病，尤其要严格防止不洁性交，防治性传播疾病产生。性行为健康，是要在法律允许的情况下发生性行为，洁身自爱，对丧失人格的性骚扰、性暴力、性虐待等不良行为，一生都要杜绝。性心理健康，是指个体具有正常的性欲望，能够正确认识性的有关问题，并具有较强的适应能力，能和异性进行恰当的交往，在免受性困扰的同时，还能使之增进自身人格的完善，促进自身身心健康的发展。

同学之间的友谊、爱情和性，这是三个不同的概念，也各有其不同的内涵，在实际生活中，往往把握不好，处理不好。现在大学校园里，未婚先孕的女大学生并不罕见，以至于出现"做人流"、"修处女膜"等等现象，而这些对于女生的身体健康是伤害很大的。因此，女大学生应该珍爱自己，保护好自己。男女之间的友谊、感情，不一定是爱情。爱情，应该是人一生中最神圣、最美好、最纯洁的感情，不应以金钱、物欲、肉欲为目的。

女生应该注意性生理健康，洁身自爱，远离性病、艾滋病。要注意性器官的卫生，女生月经不调、白带过多，不要讳疾忌医，也不要找个体诊所的庸医胡乱用药。生殖器官有病并不可耻，应大大方方去正规的大医院诊治。女性要特别注意经期卫生，月经来潮时，不吃冷饮，不用冷水洗头、洗脚和洗澡，即使夏天也要用温水淋浴；经期不参加剧烈运动，饮食要清淡，要注意营养，不吃辛辣刺激的食物；尤其要注意保持愉快的心情，经期受精神刺激、生气、发脾气，会导致月经紊乱。

二、社会性别与心理健康

1. 心理健康的标准

一般来说，心理健康的人都能够善待自己、善待他人、适应环境、情绪正常、人格和谐。心理健康的人并非没有痛苦和烦恼，而是他们能适时地从痛苦和烦恼中解脱出来，积极地寻求改变不利现状的新途径。他们能够深切领悟人生冲突的严峻性和不可回避性，也能深刻体察人性的阴阳善恶。他们是那些能够自由、适度地表达、展现自己个性的人，并且和环境和谐地相处。他们善于不断地学习，利用各种资源，不断地充实自己。他们也会享受美好人生，同时也明白知足常乐的道理。他们不会去钻牛角尖，而是善于从不同角度看待问题。

美国心理学家马斯洛和米特尔曼提出的心理健康的十条标准被公认为是"最经典的标准"：充分的安全感；充分了解自己，并对自己的能力作出适当的估价；生活的目标切合实际；与现实的环境保持接触；能保持人格的完整与和谐；具有从经验中学习的能力；能保持良好的人际关系；适度的情绪表达与控制；在不违背社会规范的条件下，对个人的基本需要作恰当的满足；在满足集体要求的前提下，较好地发挥自己的个性。

在实践中，心理健康应从以下几个方面把握：

(1) 智力正常；

(2) 情绪健康；

(3) 意志健全；

(4) 人格完整；

(5) 自我评价正确；

(6) 人际关系和谐；

(7) 社会适应正常；

(8) 心理行为符合女大学生的年龄特征。

2. 心理亚健康表现

心理亚健康是指在环境影响下由遗传和先天条件所决定的心理特征(如性格、喜好、情感、智力、承受力等等)造成的健康问题，是介于心理健康和心理疾病之间的中间状态。主要表现为不明原因的脑力疲劳、情感障碍、思维紊乱、恐慌、焦虑、自卑以及神经质、冷漠、孤独、轻率，甚至产生自杀念头等。如果处于心理亚健康状态，建议及时地进行心理健康保养，调整好自己的心理状态，有条件的话，可以进行一下心理辅导。

3. 女大学生常见的心理问题

女大学生中，常见以下心理问题：

(1) 环境适应问题；

(2) 学习问题；

(3) 人际关系问题；

(4) 恋爱与性心理问题；

(5) 性格与情绪问题；

(6) 求职与择业问题；

(7) 神经症问题。

4. 女大学生心理健康问题原因分析及解决方法

女大学生的心理问题复杂多变，具有独特性，其引发原因多种多样，在具体处理过程中应全面细致地分析其诱因，以便对症下药，迅速有效地解决问题。

(1) 环境、角度的变化引发心理冲突。

女大学生的角色地位及生活环境与高中时期有着很大的不同。首先女大学生要自己安排生活，靠自己的能力处理学习、生活、人际等方方面面的问题，但据调查，80%的女大学生以前在家没有洗过衣服，生活自理能力差，对父母有较强的依赖性。生活问题对这部分学生造成了一定的压力。其次，大学中评判学生优劣的标准已不再是单纯的学习成绩，而已包括了组织管理能力、人际交往能力及其他一些因素，这种标准的多样化使部分成绩优秀而其他方面平平的学生感到不适应，其自尊心受到强烈的震撼，心理上产生失落和自卑。

针对这种情况，首先提高独立生活能力，这是入学适应的第一步，也是适应社会生活的重要一步。其次需学会正确地评价自己，在不同环境下能够客观地评价自己及他人的长处和短处，并认识到优、缺点是每个人都有的，应当发扬优点，克服缺点，而不应因为缺点的存在就自卑或自暴自弃。

(2) 学习压力造成的焦虑心理。

现在的大学对学生学习要求严格，若几门课程不及格就会面临失去学位甚至退学的危险，这就给学生造成了一定的心理压力。加之大学更注重学生的自学能力，部分学生由于学习方法不当导致成绩不理想，因而产生挫折感，伴之而生的紧张不安的情绪就是焦虑。适度的焦虑及必要的觉醒和紧张对人的学习、工作是必要的，但持续重度的焦虑则会使人丧失自信，干扰正常思维，从而妨碍学习。

解决这类问题应当从以下几方面入手：首先应建立正确而适度的学习标准，确立适合的抱负，避免由于期望值过高而造成的过度焦虑。另外，应提高自学能力，掌握适合于自己的学习方法，制定良好的学习措施，有效提高学习成绩。如焦虑严重且持续较长，则要通过心理咨询帮助排除。

(3) 人际关系不良导致情绪及人格障碍。

随着经济发展，社会财富增加，现代家电的普及，计划生育带来的城市家庭兄弟姐妹概念淡化、邻里交往缺乏使青少年生活在一个相对封闭的环境中，且不善于交际。另外在大学中，人际关系比高中要复杂的多，要求学生学会与各种类型的人交往，逐步走向社会化。但部分女大学生不能或很难适应，总是以自己的标准去要求他人，因而造成人际障碍。人际关系不良会导致沟通缺乏，心理紧张，情绪压抑，产生孤独感，从而影响正常的学习和生活。

对于人际关系不良的同学，首先，要学会正确对待自己和他人，克服认知偏见。此外要加强个性修养，战胜自卑、羞怯，纠正虚伪自私等不良个性特征。再次，要掌握一定的交际原则和技巧，以便建立正常的人际关系，确保学习和生活的正常进行。

(4) 爱情引起的情绪困扰。

大学生正处于青春期，生理机能已经成熟，逐渐产生了恋爱的要求，但是如果在这个问题上处理不当，就会直接影响心理健康及学习和生活。目前，大学生存在的恋爱困扰主要是对两性交往的不适，性冲动的困扰及缺乏处理恋爱中感情纠葛的能力等。

大学生在校期间谈恋爱不宜提倡，但也不可压制，应该进行正确的引导，应正确对待异性交往，培养与异性交往的能力。正确对待自己和恋人，在因恋爱而发生情绪困扰时，应及时进行情绪疏通，使消极情绪得以合理渲泄，以保证正常的学习和生活，维护心理健康。

(5) 就业压力造成的心理压力。

女大学毕业生找工作难是个普遍问题，而要找一个理想的工作就更难。择业过程中遇到的各种问题(如工作单位不如意，担心自己能力不足缺乏经验而不能胜任工作等)，这些都给临近毕业的女大学生造成巨大的压力。这种压力又以一些不正当的渠道渲泄出来，如乱砸东西、酗酒打架、消极厌世等。因此，女大学生尤其是毕业生应进行职业辅导，调整择业心态，选择适合于自己的工作是非常必要的。应了解自我，包括对自我身体素质和心理素质(如智力、兴趣、态度、气质、能力等)的认识，这方面可以借助于一些心理测验工具，诸如《气质调查量表》等来进行。其次要了解各种职业的基本情况。

在这两方面的基础上选择适合于自己特点的职业。同时还应学习基本的求职技巧，以便在求职过程中能发挥优势，表现出自己的真才实学来推销自我。最后还应正确面对求职中的挫折，调整心态，不断努力寻找机会。

(6) 自身心理素质的不足。

如自我认识片面，情感脆弱、冲动、不稳定，意志薄弱，怯懦、虚荣、冷漠、固执，缺乏正确的人生观和积极的人生态度，耐挫力差，不懂得心理健康，缺乏心理调节的技巧。应丰富心理知识，增强心理健康意识，学习心理调节的基本技能并力求训练和提高自身心理素质。

5. 女性自我心理调节

随着心理健康教育的普及，人们对心理健康的认识已逐渐加深，但女大学生们在对待他人的心理困惑的态度上比对待自己的更为理性，一旦涉及自己则表现得优柔寡断，觉得难以启齿，常常不知所措。要改善这一心态，建议：

(1) 坦然面对。心理健康也跟身体健康一样，在人的一生中难免会出现这样那样的问题，出现心理困惑只是成长正常状态，没有问题哪有成长可言，因而不必大惊小怪、怨天尤人。

(2) 不要急于"诊断"。心理问题本身多种多样，成因往往也很复杂，切忌盲目从一些书籍上断章取义，或者道听途说，急于"对号入座"。

(3) 转移注意。应把注意力转移到学习、生活、工作的方方面面。有自己感兴趣的事情并全力投入是很有利于心理健康的。

(4) 调整生活规律。很多时候，只要将自己习惯了的生活规律稍加调整，就会给自己整个的精神面貌带来焕然一新的感受。

(5) 不要忌讳心理咨询。对于严重的、难以排解的心理问题，也可寻求专家咨询及心理卫生机构的帮助。

三、社会性别与社会关系健康

1. 社会关系健康

社会关系健康是人体健康的最高层次反映。失去了社会健康，失去了社会适应能力，也就是失去了人类区别于其他动物的最主要特征，也根本谈不上良好的生活质量，但是社会健康是建立在生理健康和心理健康基础上的。

生活在社会必须与各种各样的人交往，发生和结成各种各样的社会关系。健康的人能够正确的处理好这些关系，保持和睦相处。主要表现在：乐于与人交往，既有稳定而广泛的人际关系，又有知心朋友；在交往中保持独立而完整的人格，有自知之明，不卑不亢；能客观的评价自己和他人，取他人之长补自己之短。对于生活在校园里的女大学生而言，社会关系主要包括与教师的关系、与同学的关系以及与父母的关系。

2. 社会关系亚健康

女大学生处于一种渴求交往、渴求理解的心理发展时期，交往能力越来越成为其心目中衡量个人能力的重要标准。她们开始尝试独立的人际交往，并有意识地发展交际能力。可是，有很多的女大学生不能处理好人际关系，存在各种各样的交际问题。不良认知、情绪及人格等心理因素，都不利于良好人际关系的建立。而人际关系不好，又会进一步导致原有心理问题的加重或产生新的心理问题。

女大学生人际交往不良具体有哪些表现呢？

(1) 与同学交往平淡，缺少知心朋友；

(2) 与个别人难以处好关系；

(3) 感到交往有困难；

(4) 社交恐惧症；

(5) 不想交往。

3. 女大学生人际关系心理障碍

(1) 认知障碍。

认知障碍在女大学生人际交往中很常见。女大学生多处于青年期。她们的自我意识迅速增强，开始了主动交往。但她们心理不成熟，且社会阅历有限，因而人际交往容易理想化，很容易受挫折而产生交往障碍。另外，有的女大学生常以自我为中心，喜欢自吹自擂、装腔作势、盛气凌人，忽视平等、互助等基本交往原则，从不考虑对方的感受与需要，人际关系肯定也不好。

(2) 人格障碍。

人格障碍是另一种常见的人际交往障碍。女大学生人格不健全或和他人的差异可能会带来交往误解、矛盾与冲突。如胆汁质气质类型的人性情急躁，会使抑郁质气质的人感到不安。

(3) 情感障碍。

情感障碍很容易对人际交往产生不利影响。女大学生主要情感障碍包括嫉妒、自卑、自负、害羞、孤僻等等。有的女大学生嫉妒心重，看到别的同学获得奖学金、成为党员或找到一个漂亮的男朋友，她就感到痛苦、忧伤、忿忿不平。于是冷嘲热讽、散布流言，或者直接攻击对方，导致人际关系冷淡。有的女大学生有自卑心理，在交往中常常是缺乏自信，畏首畏尾、感到不安，因而社交圈子很狭小。有的女大学生自负，与人交往时傲气轻狂、自夸自大，只关心个人的需要，忽视他人的需要。害羞的女大学生在人际交往中常常有腼腆、动作忸怩、不自然、脸色绯红、说话音量低而小、对交往采取回避态度等表现。

4. 建立良好人际关系

(1) 培养良好的人际交往品质。

① 尊重。② 真诚。③ 信任。④ 自信。⑤ 热情。⑥ 克制。

(2) 正确认知，并掌握交往技巧。

女大学生应该积极主动地调整自己的认知结构，形成积极向上的人际交往认知。同时，要有意识掌握一些交往的技巧。

(3) 充分实践，改善交往。

女大学生要注意充分实践、积极交往，只要这样才能培养交往品质、掌握交往技巧、丰富交往经验。要注意常与人交谈，交换看法，讨论感兴趣的事物，可借以表达自己的喜怒哀乐、缓解内心压力。但在沟通时，要学会有效聆听，做到耐心、虚心、会心；语言表达要清楚、准确、简练、生动。

5. 女大学生人际关系交往技巧

女大学生人际交往技巧一般分为三步。

第一步，把握成功的交往原则：

(1) 平等交往；

(2) 尊重他人；

(3) 真诚待人；

(4) 互助互利；

(5) 讲究信用；

(6) 宽容大度。

第二步，掌握人际交往的艺术。

(1) 语言艺术。

"良言一句三冬暖，恶语伤人六月寒。"这两句话告诉我们交往时要注意运用语言的艺术。语言艺术运用得好，就能优化人际交往。相反，如果不注意语言艺术，往往在无意间就出口伤人，产生矛盾。

(2) 称呼得体。

称呼反映出人们之间心理关系的密切程度。恰当得体的称呼，使人能获得一种心理满足，使对方感到亲切，交往便有了良好的心理气氛；称呼不得体，往往会引起对方的不快甚至愤怒，使交往受阻或中断。所以，在交往过程中，要根据对方的年龄、身份、职业等具体情况及交往的场合、双方关系的亲疏远近来决定对方的称呼。对长辈的称呼要尊敬，对同辈的称呼要亲切、友好，对关系密切的人可直呼其名，对不熟悉的要用全称。

(3) 说话注意礼貌。

正确运用语言，表达清楚、生动、准确、有感染力、逻辑性强，少用土语和方言，切忌平平淡淡、滥用词藻、含含糊糊、干巴枯燥。

此外，女大学生还要学会有效地聆听。人际关系学者认为"倾听"是维持人际关系的有效法宝，几乎所有的人都喜欢听他讲话的人，所以，女大学生要学会有效地聆听。在沟通时，作为听者要少讲多听，不要打断对方的谈话，最好不要插话，要等别人讲完之后再发表自己的见解；要尽量表现出聆听的兴趣，听别人讲话时要正视对方，切忌小动作，以免对方认为你不耐烦；力求在对方的角色上设身处地地考虑问题，对对方表示关心、理解和同情；不要轻易地与对方争论或妄加评论。

第三步，努力增强自己的人际魅力。

人际魅力，是指在人际交往过程中形成的，个体对他人给予的积极和正面评价的倾向。每个人都有自己喜欢的人，并愿意与之交往；每个人也都有自己讨厌的人，不愿意和这些人交往。这种现象反映在实际中就是人际吸引。那么，女大学生如何增强人际吸引力，做一个受欢迎的人呢？

(1) 努力建立良好的第一印象。

给人留下良好的第一印象通常有六种途径：真诚地对别人感兴趣；微笑；多提别人的名字；做一个耐心的听者，鼓励别人谈他们自己；谈符合别人兴趣的话题；以真诚的方式让别人感到他很重要。

(2) 提高个人的外在素质。

追求美、欣赏美、塑造美是人的天性。美的外貌、风度能使人感到轻松愉快，并且在心理上构成一种精神的酬赏。所以，女大学生应恰当地修饰自己的容貌，扬长避短，注意在不同场合下选择样式和色彩符合自己的服装，形成自己独特的气质和风度。同时，女大学生应注意追求外在美和内在美的协调一致，即外秀内慧，随着时间的推移，交往的加深，外在美的作用会逐渐减弱，对他人的吸引会逐渐由外及内，从相貌、仪表转为道德、才能。

(3) 培养良好的个性特征。

良好的个性特征对建立良好的人际关系有吸引作用，不良个性特征对建立良好的人际关系有阻碍作用。生活中，大家都愿意与性格良好的人交往，没有人愿意与自私、虚伪、狡猾、性情粗暴、心胸狭隘的人打交道。因此，要不断形成良好的个性特征，注意克服性格上的弱点。

(4) 加强交往，密切关系。

心理学研究表明，人与人之间空间距离上的接近，是促进人际吸引的重要因素，因为人与人之间空间位置上越接近，彼此交往的频率就越高，越有助于相互了解，沟通情感、密切关系。即使两个人的人际关系比较紧张，通过交往，也有可能逐步消除猜疑、误会。反之，即使两人关系很好，但如果长期不交往，彼此了解减少，其关系也可能逐渐淡薄。女大学生同住在一起，接触密切，这是建立友情的良好的客观条件，应充分利用这一条件，与朋友保持适度的接触频率，才能使人际关系不至于淡化甚至消失。切忌"有事有人，无事无人"。

◇◇◇◇◇◇ 学习思考题 ◇◇◇◇◇◇

1. 身体健康的标准是什么？
2. 女大学生遇到心理问题应该如何面对？
3. 人际关系的技巧有哪些？

 案例链接

1. 女性饮食健康

女性饮食，除应保证足够的粮食以补充热能需要外，还应补充足够的、多样的副食品，一般每人每天平均供给肉类 75～2100 克；豆类 50～2100 克；鸡蛋 1～2 个；牛奶 250 毫升；蔬菜 500 克及水果 1～2 个，基本能满足一天各种营养素的需要。膳食中的蛋白质最好以动物蛋白为主，并应平均分配在一日三餐中。

我国膳食中比较容易缺乏和不足的营养素有钙、铁、维生素A、核黄素等。特别是在集体食堂就餐的女大学生更应注意预防。缺铁，在女性中更为多见，因为女性每月都有月经血液的丢失，使身体对铁的需要量增多，加之常常节食，使铁的摄入量减少，很容易出现缺铁性贫血。因此，女性更应注意补充铁，注意选食铁丰富且吸收利用率高的猪肝、瘦肉、木耳、红枣、海带等食物。含维生素 A 和维生素 B2 丰富的食物除猪肝、肾脏、鸡蛋、牛奶外，黄绿色蔬菜中胡萝卜素含量也较丰富。如每天能进食 250 克以上的黄绿色蔬菜，就能满足营养要求。钙和碘元素对女大学生的身体发育和适应繁重的学习任务具有重要意义。每天膳食中应注意选用牛奶、鸡蛋、大豆、虾皮、海带、紫菜及各种海鱼等含钙和碘丰富的食物。卵磷脂是构成神经细胞和脑细胞代谢的重要物质，有人试验，用大豆磷脂给正常人服用，精力比服用前充沛，学习和工作精力也大大增加。富含卵磷脂的食物有鸡蛋、豆类、瘦肉、肝、牛奶等。

2. 女大学生中的恋爱问题

(1) 失恋。

失恋是恋爱过程中断，在客观上表现为相爱的双方分离，在主观上表现为失恋者体验到悲伤、忧郁、失望等消极情绪及心理痛苦和压力。恋爱的过程是两个人相互了解和选择的过程，当一方面提出终断恋爱关系时，另一方面就会失恋。世界上有恋爱就会有失恋。

调整方法：

① 矫正认识，尽快转变观念。

② 摘掉对方头上的光环。

③ 找自己的优势和长处，提高自信心，相信会找到更好的意中人。

④ 尽快忘掉这次恋爱的经历。

⑤ 情绪焦虑可以做放松训练，必要时药物治疗。

⑥ 找亲朋好友或心理医生宣泄自己内心的疾苦情绪，达到心理减压。

(2) 恋爱从众心理。

有的女大学生谈恋爱不是为了寻觅知音，不是因为自己恋爱条件已成熟，而是缺少自主性，看到其他同学谈恋爱自己不甘示弱也得效仿，无论结果如何，先抓一个再说，这种态度不严肃，不负责任，也是危险的。

调整方法：

① 矫正认识。

② 大学期间以学习目标为主，婚恋可作为高年级或毕业以后的目标。

③ 增加集体交往，在集体活动交往中增加同异性同学之间的友谊。

④ 放松以缓解紧张、焦虑的情绪反应。

⑤ 消除虚荣心，增加对不同舆论压力的承受能力。

⑥ 培养独立思考和处理解决问题的能力，培养把握和驾驭自己的能力。

(3) 恋爱中的其他问题。

有的女大学生崇尚爱情至上，认为没有爱情活着就没有意思；有的重外在美，不重内在美；有的傍大款，傍老外；有的因婚前性行为导致未婚先孕；有的感染性病、艾滋病。每个人都要树立正确的人生观、道德观、价值观，要规范自己的性行为，这样才能提高综合素质，在成功成才的路上迈进。

3. 女大学生正确处理宿舍人际关系的方法和技巧

人际关系的建立无疑对大学的学子们在今后的社会中能够更

好地发展起到了关键性的作用。随着社会的不断进步,人际关系更趋向于社会化,这样,人际关系的培养对于大学生尤为重要。寝室作为大学生学习和生活的重要场所,已成为女大学生步入社会前的交往"预演",培养良好的寝室人际关系不仅有利于女大学生的生活、学习,而且有利于培养女大学生良好的生活习惯和健全的心理素质,对女大学生的价值观念和处世哲学的形成有着深远的影响。所以如何能更好地构建女大学生寝室人际关系对女大学生有着很重要的意义。在此,提出一些建议,使学生们能够更好地构建和谐的寝室人际关系。

(1) 摆正心态,换位思考,从自身找原因,宽宏豁达。

社会的复杂性导致个性的丰富性,这必然引起个体之间冲突的加剧,所以要与周围的人保持良好的人际关系,就必须学会求同存异,具备宽宏豁达的心理品质,多为别人着想,做到以诚相待。常言道:"大度集群朋"。做一个宽宏豁达的人是有一定难度的,但女大学生在日常的生活、交往中一定要注重这种品质的培养,以求更好地适应生活、适应社会。大学生应该学会换位思考,将心比心,以诚换诚,才能达到心灵的沟通和情感的共鸣。

(2) 掌握一些人际关系沟通技巧。

交往中的技巧犹如人际关系的润滑剂,它可以帮助人们在交往活动中增进彼此的沟通和了解,缩短心理距离,建立良好的人际关系。事实上,社交技巧是多种多样的,如增强人际吸引力、幽默、巧妙批评、语言艺术等等。对女大学生来说,在树立了人际交往的勇气和信心之后,在人际交往中应掌握的技巧主要是培养成功交往的心理品质和正确运用语言艺术。成功交往的心理品质包括诚实守信、谦虚、谨慎、热情助人、尊重理解、宽宏豁达等等。这些都有助于女大学生提高交往艺术,取得较好的交往效果。

(3) 加强自身的修养，注重人格的塑造和能力的培养。

一个品质好、能力强的人或具有某些特长的人更容易受到人们的喜爱。人们欣赏她的品格、才能，因而愿意与之接近，成为朋友。所以，若想要增强人际吸引力，更友好、更融洽地与他人相处，就应充分健全自己的品格，施展自己的才华，表现自己的特长，使自己的品格、能力、才华不断提高，做一个知性和善解人意的女生，使得在身边的朋友都能感受到你的真诚和热情。

第五章

社会性别与职业发展

 导 读

当前我国正处在改革发展的关键时期，人才培养成为全面建成小康社会的重要因素。而大学是社会的缩影，是迈进社会的过渡阶段，在今天这个人才竞争的时代，大学生就业难问题已摆在每个青年学生的面前。特别是女大学生平等就业依然存在诸多障碍。怎样使自己在这个竞争激烈的社会占有一席之地？如何确定我们学习的目标和发展的动力与方向？如何有效地进行职业规划呢？

通过本章的学习，使大学生意识到确立自身发展目标的重要性，特别是女大学生正确审视自己、认识自己、了解自己，做好自我评估，即要弄清我想干什么、我能干什么、我应该干什么、在众多的职位面前我会选择什么等问题。同时，帮助青年学生了解职业的特性，思考未来理想职业与所学专业的关系；通过自我探索和职业环境探索，了解自我、了解职业、学习决策方法，形成初步的职业发展规划，确定人生不同阶段的职业目标及其对应的生活模式。

保障女性平等获得经济资源，平等参与经济发展，减少就业性别歧视和职业隔离，提升妇女的经济地位，是保障妇女权利的重要方面和基础条件。在今天这个人才竞争的时代，大学生就业难问题

已摆在每个青年学生的面前，特别是女大学生平等就业依然存在诸多障碍。当代大学生只有树立机会平等理念，有效地进行职业规划，确定学习目标和发展方向，努力使主观与客观相统一，才能为事业生活双赢打牢基础。

一、社会性别教育与高等教育发展

人类社会自诞生至今，尚未有过毫无社会差异的历史，男女两性的不平等使占人口一半的女性潜力得不到应有的发挥，传统的社会性别观念禁锢了女性的发展。树立平等的性别意识，摒弃传统的社会性别观念决非易事，但也决不是摒弃不了。而为了实现这一目标，家庭、学校、社会必须一同努力，加强性别平等教育，提升人口素质。

1．性别平等教育

即性别敏感教育，指不同的性别在接受教育的全过程中，在教育各个领域均享有平等的机会和权利，均能站在公平的立足点上发展其潜能，不因生理、心理、社会、文化等性别因素而受到限制。《联合国教科文组织的 2003—2004 年全民教育全球监测报告》综合了受教育的权利、教育中的权利和教育后的权利等三个方面权利平等的意义，郑重提出："在教育领域内，性别完全平等意味着：机会平等。"指的是男童和女童进入学校的机会相同，也就是家长、教师和整个社会在这个方面没有性别歧视。学习过程中的平等是指男童和女童受到相同的对待和关注，在课程、教学方法和教学工具方面免受陈规旧习和性别歧视的影响，可以有相同的学业导向，在接受建议时也不受性别歧视，可以使用相同数量和质量的教育设施。结果平等是指学习结果、受教育年限、学术资格和文凭不因性别而不同；外部结果平等是指工作机会相等，离开全日制教育以后找到工作的时间相同，有相同资格和经历的男性和女性所取得的报酬相等。

性别教育原则指在教育方法上要重视性别差异。平等不等于相同，要防止以男女平等为理由忽略女生发展的特殊性。从我国目前推行性别平等教育的实践经验来看，多将注意力集中于男女两性入学机会是否均等，课程内容是否存在性别偏见，教学内容是否具有性别敏感性、师生互动中的性别差异等方面。性别平等的教育模式更多地停留于同化模式、缺陷模式而非多元模式、社会正义模式，关注给予男女学生相同的教育机会与资源，或针对面临特殊问题的女性进行友善的教育救助和补偿，这些行为常常以男性为教育参照的标准，无法撼动既定的教育价值体系。进一步导致我们在融入性别视角的课程与教材改革方面，往往只是在男性文化中心和价值标准的架构下简单添加和补充杰出女性的典范、事迹和相关的性别主题，只有符合男性规范标准者方可出现在课程中，如女科学家、女性作家、女医师等，无法引导学生从不同的文化观点和视角来看待概念、议题和问题。

尊重不同地域、年龄、职业、阶层、民族、性取向等的女性群体的多元经验，在社会、文化、历史、政治、经济脉络中分析女性的经验，针对女大学生心理上的历史积淀、现实中的文化陷阱以及可能存在的认知特征差异、个性发展差异，采取相应的教育方法，更有效地帮助女大学生克服成才障碍，提高成才素质，促进女大学生的成才。

2. 就业性别文化建设

在我国社会转型过程中，就业领域的性别文化建设促进着性别文化的变迁，同时又反作用于经济改革和经济发展。一方面，性别平等和男女两性共同参与社会经济活动已经得到人们的广泛认同；另一方面，在参与社会经济活动过程中，社会赋予两性不同的期待，两性表现出不同的行为特征、习惯以及兴趣和偏好，女性与男性相比，在就业领域仍处于弱势地位。究其原因，无论个体就业观念和职业选择，还是外部社会环境，都渗透着就业性别文化的影响。

第一，建立有利于促进两性平等的教育体制及教育决策支持系统。建立性别平等的教育体制及教育决策支持系统，是实现教育目标的组织保证。《中国妇女发展纲要(2011—2020 年)》已把女性人力资源能力建设问题列入工作的重点领域，提出女性教育与整体教育同步发展的指标。但要落实预期目标还需要相应的教育体制和决策支持系统，因此，需要采取如下措施：一是在各省教育厅建立两性教育平等的统筹管理机构；二是提高教育决策系统的性别比例，确保女性平等参与教育行政工作及政策制定和决策参与；三是增强教育咨询顾问系统的社会性别意识。各级教育部门的教育决策智囊机构，要将性别分析纳入政策研究和咨询过程，促进两性教育平等发展；四是健全教育信息统计系统的性别统计指标，完善教育信息统计制度。

第二，建立健全女性教育法制保障体系。教育法制化是现代国家教育发展的重要特征，只有运用法律的形式规范教育领域中的各种关系，女性教育的发展才有法律上的保障。政府应从宏观调控的角度加强立法管理，通过建立健全体现性别平等的保障妇女受教育权利的法律法规体系、建立完善女性教育执法监测监督制度，实现教育领域性别平等的重要目标与任务，使法律上的男女平等成为事实上的性别公平。

第三，完善教育政策性别平等运行机制。制定专门的政策和计划，提高女性接受各层次教育的比重；制定鼓励女性接受教育的优惠政策，提高女性参与教育的层次；采取特别措施，改变学科领域性别分布不均衡现象，提高高新技术和现代管理领域的女性专业技术人才的比例。通过制定女性教育规划及特殊政策，改变目前女性接受教育的比重、层次等方面所存在的性别差异。

第四，建立多样化、多途径、多层级、符合中国国情的女性教育体系。在专科、本科、研究生等教育中，充分关注妇女教育，形成多类型、多层级性别结构合理的高等教育体系。发展面向从业女性的开放性的继续教育，提高各类从业女性适应社会主义市场经济的能力。

第五，加强性别教育，深化教育教学改革，切实提高女性教育质量与水平。如何在教育中实现社会性别公平原则，为男女两性创造充分发展和成才的良好条件，是当前中国教育改革和教育发展的重要课题之一，也是妇女教育研究的重要任务。一是深化女性教育研究，探索女性教育规律，建立女性教育学，以学科建设促进教学与研究的进一步深入。二是整合女性研究队伍，健全女性教育研究机构，统筹规划研究当前女性教育的主要问题，推行性别公平化教育，以促进妇女教育理论和实践的发展。三是在教育系统对教师进行性别意识培训，并在制定教学计划、教育内容和教学方法的改革方案中传播正确的性别观。

3. 高校职业规划教育

调查显示，高校职业规划教育应从大一新生入学就开始着手，直至他们顺利毕业，即贯穿学生的整个大学生涯，普及整个大学校园。这是一种发展性的就业辅导工作理念。在这一过程中，学校要自始至终不断地促进学生合理就业的形成，逐步增强他们的择业能力和就业技巧，以收到水到渠成的效果。

第一，针对不同性别的大学生进行分类指导。

男大学生和女大学生群体差异较大，要开展相应的个性化指导，帮助不同性别的大学生提高择业自主性，明确生涯目标。鉴于此，可用团体辅导的方式对不同性别的大学生分别进行职业生涯教育。团体辅导具有明确的目标性，能够把一类具有共同特点的女生聚集起来，成员间可以很好地互动反馈，在某种程度上，职业规划团体辅导的作用并不低于个别咨询，而且由于人力成本较低，使得其效率更高。针对不同性别大学生的身心特点，团体辅导可有效解决其存在的共性问题，使其减轻心理压力，提高自信心，形成清晰的自我认知，明确目标。鉴于我国高校生涯辅导从业人员的实际情况，建议团体辅导主要使用结构性生涯团体，如生涯探索团体、生涯决定团体等，在有特别需要的情况下，可有针对性地使用非结构性生涯团体。

第二，对不同性别大学生建立个人职业生涯档案。

女大学生存在的性别压力问题，在进行职业生涯心理测试的同时，应有计划、有意识地对其进行社会性别意识教育，帮助女大学生树立性别平等意识，用社会性别的眼光来观察和分析社会现象，消除不同性别大学生成长中的文化壁垒和障碍。利用能力测验、职业兴趣测验、价值观测验、态度测验、人格测验等心理测验，帮助不同性别的大学生全面了解自己的个性、能力、职业兴趣、社会态度等心理特质，并逐渐形成个性化的职业生涯档案，为学生个人生涯规划积累素材。由于社会刻板印象的消极影响、大众传媒的误导和教师传统性别观念等因素的不利影响，女大学生的传统社会性别观念还比较强，这阻碍了她们对自己的正确认识，影响了其职业规划，学校应该通过开设社会性别方面的课程或讲座，帮助女大学生了解社会性别的形成、发展过程，学会用社会性别视角观察、思考、分析和评价社会现象，填补学生的性别盲点，使学生的自信心得到提升，以此帮助女大学生形成正确的自我认知。

第三，针对不同年级、性别分阶段实施全程式辅导。

职业生涯规划类课程对于大学生树立良好的职业生涯规划意识和做好个人的职业规划具有十分重要的作用。职业生涯规划是根据个人对自身的主观因素和客观环境的分析，确立自己的职业生涯发展目标，选择实现这一目标的职业，以及制定相应的工作、培训和教育计划，并按照一定的时间安排，采取必要的行动实施职业生涯目标的过程，是一个包含了生涯目标确定、措施实施以及目标实现的长期的过程，也是不断发展的过程。因此，大学生职业规划辅导应该是针对不同年级、性别，分阶段、贯穿教育全程式辅导。

二、社会性别与大学生就业

1. 女大学生就业现状

根据联合国的调查，全世界没有一个社会，女人享有与男人同等的机会：女人工作时间比男人长，平均薪资仅为男人的二分之一到四分之三；女人从事家务劳动时间比男人高出数倍，却经常遭受婚姻暴力，等等。长期以来，男性的教育投资回报率明显高于女性。欧美国家女性就业率虽已达六成，瑞典更高达八成，但就业的性别隔离现象仍普遍存在于各国，一半的职业妇女工作于服务业，"女性工作"成为技术层次较低、薪资较低工作的代名词，全球管理阶层职位中女性仅占 6%。

中国随着社会转型和经济体制的转轨，女性就业问题也越来越突出。在现实生活中，我们常常耳闻目睹这样一种社会现象：在求职中常常男性优先，而下岗却女性优先；社会重要岗位常常优先考虑男性，而家庭主要家务却优先想到女性；很多大龄下岗女工，既要承担繁重的家务劳动，又要面临激烈的市场竞争，她们承受着经济和精神的双重压力；特别是近些年来，高学历女性就业难的问题越来越突出。女性就业状况的恶化不仅损害女性的利益，还将进一步强化社会重男轻女的观念。

总体上看，男女不平等主要体现在三个层面：制度层面，有些制度对女同志不利，如男同志 60 岁退休，女同志 55 岁退休；思想层面，传统文化中的不平等思想，如"男尊女卑、男外女内"等；经济层面，受生产力发展水平的影响形成的不平等，如市场资源分配中的性别倾向让男性处于强势地位，以致市场重心明显地向男性倾斜，而女性在市场资源分配中的弱势地位使其在社会分层中整体下滑。

女大学生就业不平等主要体现在两个方面，一是女大学生就业率比男大学生低；二是女性就业层次比男性低。据统计，在相同条件下，女毕业生就业机会大约只有男毕业生的 87.7%。男女生在高等教育阶段的学业成绩和毕业后的就业收入等方面并没有显著差距，但就业率方面女性则明显低于男性。女性就业层次也明显低于男性。女性在一些对知识与技术要求较高的行业所占比例偏低，在科学研究和综合技术服务业，女性只占该行业职工人数 36.98%；在金融保险业女性只占职工总人数的 39.53%；国家、党政机关和社会团体女性供职人员更少，只占 22.65%。

2. 女大学生就业问题

2013 年全国高校应届毕业生达到 700 万人，比上一年增加了

10%。据统计，从 2009 年毕业生求职者人数突破 600 万大关以来，求职者数量逐年增加，就业形势更加严峻。目前有很多 2012 届的毕业生由于在校园招聘中未解决就业问题，被迫把目光放到社会招聘中，而社会招聘大多需要一定的工作经验，这也导致很多毕业生花费了很多时间精力却依然无法解决就业问题。

当前，大学生就业问题确实暴露了一些教育体制、专业结构、就业制度、就业政策、劳动力市场建设等方面的问题。这些问题的存在加剧了大学生就业形势的严峻程度，而女大学生就业更难。一是女性受教育程度总体低于男性，统计数据显示，女性新增的高等教育机会更多的集中在专科层次；二是女性专业选择面窄，大多选择文学、法学以及经济学等专业，而社会提供的与这些专业相关的就业机会并没有显著增加；三是性别歧视。在招聘国家公务员和事业单位人员的过程中，一些国家政府部门、事业单位及国有大中型企业也不遵守男女平等的基本国策和有关男女平等就业的法律；四是职业限制。在招聘过程中，许多职业都被贴上了性别的标签，如高层管理者、技术负责人等岗位被贴上了男性岗位的标签，服务人员、文秘等又被贴上了女性岗位的标签等，人为地造成了性别隔离。

除了客观方面的制约导致了女性就业困难，从主观方面看：

(1) 择业观滞后。在计划经济时代，上大学意味着"光宗耀祖"和身份的跃迁，是"天之骄子"而不是"布衣平民"，就业由国家"统包统分"，而且"包当干部"，没有竞争，也没有现在就业中隐含的性别歧视，安全、稳定且有很强的集体归属感与荣誉感，而今，这种就业模式已一去不复返，自主择业，双向选择，是当今与未来就业的趋势与主流，但部分女生不能因时而变，传统的就业思维模式依然根深蒂固地盘踞在脑海，就业时盲目地追求职业的声望，过分地计较单位的性质、工作环境及个人的身份，自谋职业没面子，到新经济组织中去没保障，动手操作、实践性的、服务性的工作有失尊严，一次就业渴望享用终身，缺少多次就业的意识；一旦求职遇挫，则埋怨没有门路、生不逢时、所学专业不抢手，许多的就业的机会就在这犹豫徘徊中失去。

(2) 就业观错位。表现在不切实际，不适度的自卑与自信，就业的期望值过高或过低，不能客观地分析自己和社会。面对不可回避的就业竞争，有些女生认同社会对女性的偏见，自卑意识浓厚，畏首畏尾，表现怯懦，缺少自我推销的勇气，求职时有"保镖"相伴，做决定时犹豫不决，难以取得用人单位信任；有的甚至不敢与招聘单位洽谈，求职面试时呆板拘谨，一旦谋职失败则一筹莫展，长久地走不出自卑的阴影，忧郁而迷茫，变得更加的不自信；高估自己则是夸大自我实力，择业期望值过高，向往中心城市和高薪水，愿作"白领"而不屑于作"蓝领"，好高骛远；农村生源的女生则普遍存有跳出"农门"改变身份的想法，毕业后宁愿漂泊于城市也不愿回到落后但又需要知识和文化的故乡；或虚荣心严重，强与同学相攀比，高不成低不就，挑三拣四，从而人为地窄化就业空间。

(3) 强求社会公正。"男女平等"是我国的一项基本国策，女性与男性享有同等的就业与择业的权利也是我国劳动法规中的基本内容，但传统文化中性别歧视依然存在于今天的职场与社会，公开地表示不要女生、相同的条件要男不要女，或人为地抬高女大学生就业的门槛，"性别"这一不以人的意志为转移的东西成为女大学生就业所遭遇到的第一道障碍。据江苏省妇联的调查显示：就业中有 55.5% 的女大学生遭遇到了就业歧视。女大学生对性别歧视的社会环境深恶痛绝，特别渴望男女能在平等的基础上介入竞争，这是合情合理的，而且这也必将成为社会发展趋势，但这一现象的形成是漫长历史文化积淀的产物，消除它也非朝夕可就，如若一味地强求社会公道与公平，并为此而忿忿不平，以为滔滔者天下皆然，夸大阴暗面，否定光明面，就会形成一种极不理性的就业心态，就业的路也会因之变得漫长而坎坷。

3. 大学生就业指导

高校职业指导工作针对高校毕业生这一群体，通过实施系统的职业指导教学训练，帮助学生了解就业形势，熟悉就业政策，提高就业竞争意识和依法维权意识；提供信息服务，帮助学生了解社会和职业状况，认识自我个性特点，激发学生全面提高自身素质的积极性和自觉性，了解职业素质要求，熟悉职业规范，形成正确的职业观，养成良好的职业道德，掌握就业与创业的基本途径和方法，提高就业竞争力以及创业能力。

(1) 分析就业形势，保持适度的就业压力感和就业焦虑度。毕业生应逐步接触和了解当前的就业状况，明确就业形势，增强危机感和竞争意识，自觉地从提高自身就业能力、提高自身素质等方面为就业做好准备而努力学习。"事预则立，不预则废"，对于就业形势的这种充分认识和应有的心理准备，找工作时才能继续保持自信，勇敢地面对社会的抉择，积极参与市场竞争。

(2) 了解自身的兴趣和性格，明确职业发展目标与方向。在学校的帮助引导下，大学生从一开始就需要逐步认清自我，发现和了解自己的性格、兴趣和专长，并针对自己的专业作出规划，明确发展方向和目标，以便及早进行合理的职业生涯规划和职业定位，有效指导未来就业。

(3) 合理进行职业期望与定位，树立科学的就业观念。合理就业观的形成不会一蹴而就，而是需要一个循序渐进的过程。因此，结合职业教育，通过就业观和就业政策的宣传教育和引导动员，使学生逐步树立大众化择业观念；立足现实，合理进行职业期望与定位，并不断加强自主创业和服务西部的就业意识；要认识到，不管形势如何严峻，多一些理性认知和选择，就会多一份成功的希望。

(4) 正确对待求职成败，树立科学的挫折观。当前就业形势下，找工作受挫成为经常的事情。各年级学生都要正确认识和对待这种现实，培养积极进取的心理品质，不断增强应对求职挫折的能力，以防某些非理性认识和偏激行为的产生。

(5) 女大学生要正视性别歧视和压力，增强就业自信与竞争实力。女大学生在求职就业中时常会遭遇性别歧视，如许多用人单位在招聘中竟然明确表示"只要男生"或"同等条件下男生优先"，这种现象导致在校女大学生的就业压力感相对更大，就业自信心更低。所以学校就业辅导应当给予她们以特别的关注和指导：要帮助她们消除自身具有的女性角色歧视和弱势群体感的自卑心理，鼓励她们敢于去尝试；以一种平等、积极、自信、挑战的心态参与竞争；要帮助她们结合自身特点进行合理的职业定位；要激励她们从各方面加倍努力发展和完善自我，增强自身的就业竞争实力；要协力呼吁社会消除性别歧视，给予女性以平等就业的权利和机会。

三、事业生活双平衡

1. 一种能力，相伴终生

近年来，普通高校在读学生和毕业生逐年增多，而社会提供稳定工作岗位的增长速度却难以满足期望，越来越多的学生面临找工作难的境地。但另一方面，国家经济的蓬勃发展又为各行各业带来了无限的商机，国家及各级政府为支持大学生创业，出台了许多优惠政策。在这种社会背景下，越来越多的青年学子走上了自主创业的道路。大学生创业一方面能缓冲就业压力，另一方面能为市场增添更多活力。

(1) 个人层面。

年龄因素。66.7% 的被调查对象不认为创业有最适合的年龄，在任何年龄都有人创业成功，年轻人有冲劲，年长者有较丰富的经验与人脉关系。当婚姻与创业相冲突时，有 90% 的女性愿意牺牲自己的事业，只有 10% 的女性会选择放弃家庭。

人力资本。在被调查的女性企业家中，75% 的人认为学历与创业成功无关联，只有 25% 的人认为学历会影响创业成功。受访企业家认为，学历愈高并不代表愈能创业成功，最重要的是知识。被调查女性企业家一致认为，之前的工作经验对创业成功有绝对影响，之前的工作经验、行业经验不但会使他们熟悉该产业，更可能学到许多有用的经营理念与管理方式。先前工作上受到的训练对创业很有帮助，工作时建立的人脉关系对日后的创业帮助也很大。

创业动机。70% 的被调查女性企业家认为，不同的创业动机会导致不同的成功度。生存型创业所捕捉的市场机会主要属于中市场和大市场，所以机会型创业比生存型创业会有更好的"外部收获"，如经济报酬。另外，出于个人抱负的创业会使人投入最大的激情，从而导致更好的"内部收获"，如自我实现、个人成长等。

(2) 创业环境层面。

政府因素。女性企业家一致认为，政府对创业成功有绝对的影响，主要是一些针对女性创业的扶持政策、创业培训及租税的减免，但有 92% 的被调查女性企业家认为，在她们的创业过程中受到的政府帮助有限。

社会网络因素。98%的被调查女性企业家认为，社会网络对创业成功有绝对的影响，尤其是与金融机构的关系。对女性企业家而言，社会网络关系益处多多，包括能从中更快更方便地获取信息、资源和建议。但同时又有95%的被调查企业家认为，社会和文化的陈规限制了她们参与那些可以间接地通往融资的圈子。

家庭因素。被调查的女性企业家一致认为，家庭支持对创业成功有绝对的影响，尤其是丈夫的支持。因为女性创业所需的创始资金就来自于家庭储蓄，没有丈夫的同意，妻子无法进行创业；女性创业往往意味着要牺牲用于家庭的时间和投入，没有丈夫的理解和支持，妻子难以安心创业；女性创业需要丈夫给予方法和技术上的支持，没有丈夫的帮助，妻子不容易创业成功。

2. 珊瑚海水，自然而为

由于时代的变化，男性角色与女性角色正处于从传统的"男主外，女主内"的角色分工向男女平权过渡的状态。女性在组织家庭生活、履行家庭职能、协调家庭关系方面，有了更多的发言权，负有更多的责任；在抚育孩子、安排经济与操持家务等方面表现出比男性更强的能力。因此，她们被要求在家庭生活中担负起比男性更多的责任。

在社会竞争中，男性往往比女性在竞争中占有普遍的优势。主要表现在：第一，男性强健、高大，体力上占较大优势。在采矿、冶炼、航海、航空等领域，比女性适应性强。第二，男性服务年限长。女性育龄期有生育之累，更年期又有早衰现象，就职期间在健康方面不如男性。第三，男性在社会上活动受到的约束、禁忌少。参与社会交往的男性受到赞扬，而女性却要受到怀疑和猜忌。女性本身不甘于受压抑、受约束的心理，使其竞争能力不断增强，同时，她们与男性在不同的起点上向相同的目标冲刺。因此，女性心理压力较大。

不少职业女性事业心较强，对自己的期望比较高。但由于多种因素的制约，常常是期望难以实现。于是怨天尤人，拒绝接受事实，或封闭自己，以致出现心理障碍。对于职业女性来说，必须认真对待心理问题，并及时进行自我调适。因为，过于沉重的心理压力必将导致身心疾病的产生，损害自身的健康。在生理方面，职业女性常常被疲劳所困，感觉身体虚弱无力，还容易出现头昏、偏头疼、痛经、月经不调等症状。在心理方面，常出现烦闷、不快和失眠、暴躁、焦虑、无故悲伤和产生失落感，有时甚至因此而造成夫妻冲突和离异等家庭不幸。

工作家庭平衡对女性职业生涯发展具有更加重要的意义。职业生涯发展是指个人选择或决定进入某个行业时，为适应该行业的规范或要求，扮演和学习工作角色，由低层级逐渐发展到高层级职位的历程。传统的职业生涯理论局限于男性的工作经历和假设。按照男性职业生涯的含义和框架检视女性，女性的职业生涯就显得不够成熟，甚至充满缺陷。但是，女性职业生涯发展是一个不同于男性职业生涯发展的命题。尽管女性与男性的职业发展没有本质的区别，相对而言，女性职业发展却更加复杂。发展取向的现代职业生涯理论关注这种女性职业生涯发展不同于男性的特征，特别强调个人要以一种更加适合自身情况的观点看待职业和家庭问题，在生命周期中平衡工作、家庭等重要人生课题的关系。

3. 家业一体，随遇而变

在传统的大家庭中，家庭中成员的分工很明确，"男主外，女主内"，家庭中的成员各司其职。人们认为男性是家庭和社会的支柱，对男性性别角色的要求是养家糊口；对作为女性性别角色的要求则是生儿育女、操持家务。这种不平等的劳动分工和不同的性别角色，就将男女分别定位于社会和家庭。随着经济的发展、社会文化的进步，家庭结构从传统的大家庭向现代的核心家庭转变。

在现代的家庭结构下，一定程度上导致了社会分工的变化，女性必须和男性一样承担起养家糊口的责任，人们的性别角色观念也逐渐发生了一些变化。在教育导向中开始强调女性要自强、自立，要能够独当一面；男性要培养善解人意、温和、体贴、关心人的良好品质。随着社会的发展，一些被旧有文化约定为男性或女性单独拥有而实质上属于两性共有的性别特征开始在两性身上得以体现。这就要求女性形成与双重社会角色相适应的双性化人格特征。传统社会那种纯粹的女性化已无法再适应充满竞争的社会。而双性化的女性在心理特征方面具有男女两性的优点和长处，这使她们较其他类型的女性具有更多的自信、独立、合作、沉稳、敏感、热情、成熟等男女两性都具有的特征，她们既独立又合作、既果断又沉稳、既敏感又豁达、既自信又谨慎、既热情又成熟，既能适应男性的工作，也能适应女性的工作。

首先，社会现代化带来了高科技在物质生活领域中的应用，这会逐渐缩小女性在物质生产中的生理弱势，女性和男性在优越的现代化社会中的较量更多地应是智力而非体力。新科学技术的革命和现代市场经济的发展，同时为女性就业、扮演更多的职业角色提供了便利条件，使男性和女性的社会职业更加接近。其次，当今社会第三产业不断扩大，也为女性参与社会提供了更加广阔的前景。再次，计划生育国策削弱了母亲角色，增强了职业角色。现代社会的发展变化召唤着女性从家庭走向社会，女性与男性一样面临着就业竞争的压力和挑战。

研究发现，受社会化过程的影响，女性比男性会更多地经历工作—家庭冲突问题，而这种工作—家庭冲突会对她们的职业生涯发展产生更多的负面影响。其直接的后果便是，女性在职业生涯发展过程中比男性更多地经历非正规就业、职业中断、多样化的职业模式等。虽然越来越多的公司采取方便女性照顾家庭的措施，但是只要组织继续以全职承诺作为员工的绩效考评依据，弹性工作形式就会对女性的职业生涯发展不利。选择弹性工作形式可能导致女性将要面临更多的职场问题，例如收入差距与"玻璃天花板"现象等。此外，层级制组织结构下的传统职业生涯具有直线式的、向上流动的特点，而女性常常由于家庭和环境等结构性的障碍而不得不中断职业攀升道路。可见，企业的工作家庭平衡计划尽管部分地缓解了女性的紧张感和压力，却不能从根本上促进女性的职业生涯发展。我们必须认识到，组织环境内的某些因素，如文化、管理实践与工作流程会对工作家庭冲突、压力及女性的职业生涯发展产生重要的影响。

同时，工作—家庭冲突以及由此引发的压力问题在根本上是一种组织建构和社会建构。我们需要的是突破传统的组织假设，充分认识到：从长期来看，解决了雇员的工作—家庭冲突问题不但使女性受益，也会对企业的长期效率有利，并最终达成企业的战略目标。

21 世纪，工作环境的变化正在创造着一种新的组织环境。随着科技的发展、工作环境的变化，可选择的工作安排，如弹性日程表、远程通讯与创业机会为女性平衡多重生活角色创造了机会和条件。随着工作与家庭观念的转变，女性的职业生涯发展观也正在悄然发生着变化。那种在一个组织中渡过全部职业生涯的假设已经成为过去，职业流动变得更加频繁。女性拥有了更多的平等发展机会，可以更好地兼顾工作与家庭。在未来的职业发展中，相信越来越多的女性可以将家庭需要与职业决策联系起来，真正做到工作与家庭平衡。

◇◇◇◇◇◇　**学习思考题**　◇◇◇◇◇◇

1. 性别平等教育的内涵是什么？
2. 如何正确对待女大学生就业难问题？
3. 为什么工作家庭平衡对女性职业生涯发展具有重要意义？

 案例链接

1. 女大学生"另类财路"：四个成功案例给你启发

一项针对女性的创业调查显示，受访者中高达 86% 的女性曾有创业的想法，进一步分析发现，88% 的上班族女性想创业，女学生想创业的比例也有 68%；在新近创业的中小企业中，女性创业的成功率比较高，新近创业成功的企业家中女性约占 80% 以上。而这些年轻的女大学生是如何成功创业的呢？

做旧书也有好"薪"情

李红梅，大学毕业后进一家工厂上班，工作不到一年就遭下岗厄运。一气之下，她索性做起旧书生意。

读大学时，李红梅就发现许多二手书店通常是将人家卖不出去的书籍抱到店里来销售，却忽视了顾客究竟要什么读物。而随着图书市场格局的变化，目前现存的正规旧书店已为数不多，这就无形中导致旧业的现状已无法满足市场和读者的实际需求。加上近年来纸张价格飞涨，包装精美的新书更是价格不菲，这无疑给二手书市场留下了巨大的交易空间。

李红梅认为，时下做什么生意都要讲定位，而做旧书生意的定位就在于——业精于专！根据现实情况，她打算主营社会科学人文类书籍，从而形成自己的特色。换言之，面对五花八门的图书市场，经营者绝对不能"贪"，面面俱到是经营旧书的致命弱点。有了定位，李红梅收购旧书时就心中有数了。她首先看书的内容，其次是出版社。

"业精于专"同时显现了另一个优势。旧书业作为一种文化消费模式，具有特殊性，买者素质高，成交量也高，而主营财富、金融类书籍的旧书店，其前来捧场的顾客的文化素养可想而知。要做到业精于专，对书店老板也是一种挑战。首先经营者要有文化素质、有品位，这样才能收购到高质量又好卖的旧书，才不会使一本绝版好书总是垫压在箱底下。今年春节过后，李红梅收购到一百多本财富类书籍，没想到新学期开学没几天，就被大学生抢购一空。

书店开张没多久，为增加有效的交易渠道，李红梅还开设了网上交易(主要是学术类著作)，意在便于与同行交流。现在，网上交易量已占到书店业务总量的 15%。此外，李红梅还销售一些基本不赢利的书籍，这样做可稳住老客户，争取新顾客，从而带动其他生意。增设"寄设"业务，又是李红梅的新招。这一招则充分站在顾客的立场，也宣扬了书店的诚信之本。此项业务主要面对那些有书却不愿贱卖的顾客，他们希望手上有价值的旧书能像字画一样寄在店里由老板"代销"。"代销"成功，老板收点"代劳费"。小小的二手书屋如此这般经营了一年，现在李红梅的书店每月有 3000元的纯利。

"捞小虾"也是一种境界

程布惠，湘西瑶族的山里人。大专毕业后，她一直找不到合适的工作。当她看到城里人很喜欢山里的土特产时，就想到将老家边远山区那些纯天然的山货运到城里来销售。打定主意后，程布惠先是带了一小部分品种来到省城"探路"，结果大受欢迎，原因是这种无污染的山货，正是追求生活质量的城市居民最为喜欢的。尝到甜头后，程布惠立即在家乡找了几个帮手。她亲自前往湘西山区组织货源，并在省城租了一个 20 多平方米的门面，专门销售农家山货。没多久，程布惠又将小店一分为二，一边为批发部，一边为零售部。为充分利用店里的空间，她又在靠门道的位置卖起了山里的苦凉茶。用程布惠的话说，这叫全方位发掘资源，半成品都堆放在店里，拿来烧成茶水卖，利润就提高了十多倍。这些苦凉茶品种有金银花、野菊花、凉茶叶……几乎全是山上野生野长的。开始时，程布惠还担心这种难登大雅之堂的苦凉茶在城里卖不动，不想一经推出就大受欢迎。顾客反映，这种山里的苦凉茶虽然味道苦些，喝起来不如现代流水线生产出来的茶口感好，但原料地道正宗，在炎炎夏日里饮用真正能起到消热解毒的作用。而且每杯一元的价格，顾客都说"实惠"、"物有所值"。

接着，程布惠招了两个女帮工，一副放开手脚大干一场的架势。一边卖山货，一边卖熬好的苦凉茶。初次创业的程布惠，在短短一年时间里，居然靠卖山货与卖苦凉茶赚到了 10 万元。

卖酒，"卖"来半个老板

漂亮的脸蛋、苗条的身材，不可否认是时下女孩子求职的一种资本和优势。可大学毕业的蒙沙因为没有靓丽的外表，多次被用人单位拒之门外。为自食其力，更为争一口气，蒙沙放弃了外出找工作的想法，她想到了儿时家乡的甜酒，"不如挑着自己家的糯米甜酒到大街小巷去叫卖，过一段时间就自己开店，虽然苦点，但毕竟是为自己打工。"说干就干，蒙沙放下架子，开始每天穿街走巷叫卖两三个小时，一天下来也能赚到近 20 元。一个月之后，蒙沙获利约 600 元，吃饭问题基本解决了。

蒙沙制作米酒的手艺是父母教的民间传统做法，没过多久，她自己加进一些现代酿制工艺，因而，蒙沙做的甜酒口感格外好，适合现代人崇尚"原汁原味"的要求。一些老顾客每每听到蒙沙的音声，都会不约而同地拿着瓶子来买，许多人甚至还把甜酒作为早餐，在一碗甜酒里打几个鸡蛋，不仅味美，而且营养价值也高。

就这样辛苦了半年，蒙沙的甜酒生意有了转机。一家酒楼的老板看中了蒙沙的甜酒。原来，该酒楼老板一直在暗中观察蒙沙卖甜酒的情况，以及顾客对这种传统甜酒的反应，还私下向一些来酒楼用餐的顾客征求意见，得出的结论是：甜酒进酒楼必赚钱。酒楼老板最后与蒙沙达成合作意向：由蒙沙提供技术并负责开发糯米甜酒系列早餐品种，酒楼则提供经营场地及开发资金。最后，扣除成本，老板与蒙沙各 50% 的利润，每个月底结算一次。这次合作，可谓皆大欢喜。尽管头一个月是一边开发一边营业，蒙沙也得到了每月 900 元的分红。而从第二个月开始，她每月的分红都在 2000 元以上。

开办婴儿抚触室

傅苏美大学毕业后，压根儿就没想去找工作。因为就在毕业前几个月，报纸上的一篇《婴儿按摩有"钱"途》的文章让她很感兴趣。傅苏美从小钟情按摩，她很想开设一项专门为婴儿提供按摩服务的按摩室。婴儿按摩虽不能按普通方式操作，但毕竟与成人按摩有相通之处。

经过一段时间的学习和训练，加上早有按摩基本功，傅苏美很快就掌握了婴儿按摩的技巧。为稳妥起见，她又出资委托市场调研公司进行了一个星期的市场调查，结果有 80% 的被访者都表示很需要这项服务。

傅苏美介绍说，她的婴儿抚触室尚未正式开张，就有家长怀抱婴儿希望她提前"上班"。她说，把婴儿按摩称作"婴儿抚触"更为确切。将裸体婴儿放在暖色调的床单上，轻轻地在婴儿的脑腹部、手脚部及背部进行按摩。一般情况下，婴儿出生第二天就可以做抚触，每次抚触 15 分钟为宜，有条件的最好坚持每天给婴儿抚触一次。一般婴儿可抚触到 3 岁左右。

现在，傅苏美的婴儿抚触室每天早上 8:30 分开门时，门口就已有人在等候。遇到忙的时候，傅苏美只好叫餐馆送碗米粉充当午餐，虽然辛苦，但她认为，既然自己干上了这行，就尽量让顾客满意回家，这也是个需要爱心的行业！

至于开设婴儿抚触室的收益，傅苏美说，一个月下来有好几千块。她还说，现在是一个"要致富、讲技能"的时代，有时，我们完全可将自身的某种业余爱好转变成一种致富门道。

有一句话说：当命运对你关上了一扇门，同时也会为你打开了另一扇门。然而，要打开这扇门并通过它走向成功，就需要敏锐的眼光和敢于丢弃某些老观念。女性创业也是如此。

2. 贤妻良母遭遇角色冲突

"贤妻良母"本身是个好词，为妻要贤，为母要良，这是无可厚非的。现代女性选择家庭与事业兼顾，把传统女性善良、忍耐、坚忍与刚毅的美德融入到所从事的事业中，获得事业的成功，更让男性叹服。但是，同时扮演两重角色，使她们常常处于心力交瘁、紧张焦虑中，整日疲于应付，导致女性没有调整、休息、充电的机会，不能很好提高自身的素质，造成用人单位不愿选择女性。同时几千年传统观念"男主外、女主内"的负面影响，不可能从人们的思想深处彻底根除，还在一定程度上阻碍女性在事业上的发展，具体体现就是目前社会上男女就业不平等，女性的就业机会要远远低于男性。

其一，女性可选择的职业范围较小，只能从事技术含量比较低的行业，各行各业中高级管理人员女性的比例比较低，大约不到10%。并且许多属于女性的职业，如秘书、导游、公关小姐等都是吃青春饭的职业，不是终身的职业，这样对女性造成更大的生存和工作压力。

其二，女性回避不了生育、抚养孩子、教育子女等许多责任，这对她们的事业带来许多负面影响。不少单位的领导认为，女性因怀孕、生育、流产、妇科疾病等会耽误时间，因养育孩子影响工作。因此，他们在选择员工的时候，尽量避免招聘即将面临生育问题的女性，有的为了避免麻烦，直接拒收女性，导致现在女大学生就业难的现象普遍存在。

其三，对于深受几千年传统文化影响的中国女性来说，约定俗成的思维定势和心理定势已经形成了作为"贤妻良母"身份的惯性，当前她们还难以放弃家庭中的角色，再加上男性在社会公共领域仍把持着话语权利，女性要达到完全的解放，摆脱传统"贤妻良母"对女性身体、心理的束缚，并不是一件很容易的事情，必然会出现反复，是女性实现自身价值必经的过程。

3. 职业女性的家业平衡策略

尽管很多组织采取了相应的政策、福利和服务帮助雇员减少工作—家庭冲突，但归根结底，职业女性必须学会依赖个人资源来平衡工作和家庭领域的竞争需求。换言之，平衡工作家庭关系应当成为现代女性必备的职业能力之一。

职业女性平衡工作—家庭冲突的策略主要有四种：直接行动策略、寻求帮助策略、积极思维策略、回避或退让策略。

直接行动策略是职业女性通过采取直接行动来改变导致工作

一家庭冲突的环境因素，从而减少或消除冲突的一种策略。例如，根据工作紧张程度调整家务时间，减少由于时间冲突造成的工作绩效低下等。寻求帮助策略是个体通过寻求与别人合作和别人的帮助，促使工作—家庭冲突环境因素发生变化，从而减少或消除冲突的一种策略。例如，与配偶共同承担家务或雇用保姆协助照料老人、孩子等。积极思维策略是指个体可以通过乐观的思维或认知方式来控制自己的知觉，从而减少工作—家庭冲突的影响。回避或退让策略则是个体可以通过漠视或忽略冲突的存在来减少冲突的影响。直接行动策略、寻求帮助策略都是通过改变问题的产生环境来减少或消除冲突。积极思维策略、回避或退让策略则不是通过改变问题的产生环境，而是通过控制和管理个人的认知或情绪减少或消除冲突的影响。

　　研究表明，直接行动和寻求帮助方法能够有效降低家庭—工作冲突感，对工作压力则无效果。积极思维和回避方法则会增加工作—家庭冲突和家庭—工作冲突感。当然，每个职业女性的主观因素和面临的客观环境存在比较大的差异，职业女性可以根据自身实际和环境因素有选择地采取上述 4 种策略来应对工作—家庭冲突的挑战。

第六章

社会性别与政治参与

 导　读

　　构建社会主义和谐社会的重点之一是构建男女两性在社会和家庭中的平等和谐关系。这是衡量一个国家妇女权益和性别平等的指标，也是树立中国作为社会主义国家的良好国际形象。长期以来，中国共产党始终把实现妇女解放和男女平等作为孜孜以求的奋斗目标，为我国妇女事业发展提供了坚强领导和重要保证。

　　本章从社会性别角度分析，首先阐述了政治参与的内涵和特点，以及公民政治参与的途径和方式；其次分析了大学生政治参与的问题和情况；最后阐明了在新的历史时期下，运用性别分析法分析女大学生政治参与的影响因素。提高当今大学生政治参与(参与决策与管理)的能力，特别是提高女大学生政治参与的素质和能力，参与学校的决策和管理，参与国家政治生活，必须通过男女两性的共同努力。通过女性对各个领域每一具体事物，包括政治生活的参与，才能够建立一个平等、尊重、理解与和谐的社会。

　　大学生政治参与意识与能力的培养是高校公民教育的重要内容。政治理性的发展水平是大学生政治素养的标志。提高女性政治参与水平是贯彻男女平等基本国策，实现男女两性和谐发展的重要

环节，也是和谐政治的重要标志。在新的历史时期，高校公民教育应当注重在和谐社会的建构过程中，培养大学生政治参与的理性态度，激发大学生政治参与的热烈情感，丰富大学生政治参与的经验智慧，提高大学生政治参与的技能技巧。

一、政治参与与民主政治建设

大学生作为国家重要的人才资源，是促进社会主义民主政治建设的重要力量。大学生的有序政治参与不仅是自身健康成长、全面发展的需要，也是推进政治现代化、民主化进程的必然要求。

1．政治参与的概念界定

政治参与是公民通过合法途径自愿参与政治活动，在活动中依照程序以影响政府决策为目的的对政策表达自己观点和主张的行为。它是公民实现政治权利的重要方式，反映公民在社会生活中的地位和作用。马克思主义政治学者认为，公民实际参与政治的程度与一个国家的社会制度的性质有密切的关系。尽管一些资本主义国家经过几百年的发展，形成了比较完备的民主体制和运行机制，实质上，资本主义国家的政治权利仅是资产阶级享有的，而工人阶级和广大群众政治参与的程度是很有限的。社会主义制度的建立使人民群众成为国家的主人，劳动人民真正参与政治和管理国家，享有广泛的政治权利。在中国，人民代表大会制度、中国共产党领导的多党合作和政治协商制度以及民主选举、民主管理、民主监督等制度都为人民群众参与政治、实现自己的政治权利提供了各种保障和途径。随着社会主义制度的不断发展和完善，人民群众政治参与的水平将越来越高。

政治参与既是现代政治民主的表现，也是政府形成科学政治决策的重要条件。十八大报告指出："要在全体人民共同奋斗、经济社会发展的基础上，加紧建设对保障社会公平正义具有重大作用的制度，逐步建立以权利公平、机会公平、规则公平为主要内容的社会公平保障体系，努力营造公平的社会环境，保证人民平等参与、平等发展权利。""更加注重健全民主制度、丰富民主形式，保证人民依法实行民主选举、民主决策、民主管理、民主监督；更加注重发挥法治在国家治理和社会管理中的重要作用，维护国家法制统一、尊严、权威，保证人民依法享有广泛权利和自由。"大学生是未来社会政治参与的主体力量之一，探讨大学生的政治参与问题对于贯彻落实十八大精神，加速我国政治民主化改革具有重要意义。

2．政治参与的内涵与特点

"政治参与"就是个体拥有并行使政治权利以维护、保障其权利实现的活动和过程，即公民直接参与国家政治生活并发挥作用。它具体包括两方面的含义：一是通过获得政治权力，直接掌握决策权，有权就一些重大政治事件直接表态，使群体／国家的决策有利于自己所代表的群体的利益；二是获得政治权利，拥有对"谁来运行政治权力"的决定权，有权决定谁运作国家权利。其中，选举权和被选举权是最主要的参政类政治权利，是整个政治权利的核心，公民对国家政治权利的控制和制约主要是通过这两项权利实现的。

大学生的政治参与是指在校大学生参与社会政治生活的意识与行为，包括责任、权利和义务。大学生政治参与的性质别具特色。首先，以学习为主的特点决定了大学生的政治参与具有非职业性、间断性和鲜明的情感色彩。其次，大学生政治参与不仅包括行动者自觉自愿地试图影响政府决策的行为，也包括受外界因素影响而发生的行为。再次，大学生政治参与包括对学校管理与社会事物的参与和影响。大学生参政议政的兴趣、动机、情感、志向同政治参与的活动过程密切相关。因此，大学生政治参与既表现为一定的思想与态度，更是实际的政治行动。最后，大学生政治参与必须得到法律的保证。作为社会公民的大学生是受法律保护的主体，不仅对国家的政治决策有服从的义务，同时也享有谏言质疑、选举与被选举的权利和责任。英语的"参与"使用的是"participate"一词，"参与"既有"参加"的含义，还有在其中发挥作用的意思，它强调的是主动、自觉的意识与积极进取的精神，既注重进入和参加，更重视进入后的责任和权利以及发挥的作用所产生的影响。作为社会改革动力之一的大学生，应积极参与发展的过程，把自身的思想、行动、人生价值与社会紧密相联，培养较强的社会责任感和使命感。

3. 政治参与的主要形式

有序的政治参与就是理性的政治参与。理性是政治生活的重要内容，政治理性的发展水平是公民政治生活水平的标志，也是检验中国大学生政治素质的试金石。人们对政治现象的认同有一个从实践到认识、由感性到理性的过程，每一次认同都是在原有基础上的质变。人们用对政治不断发展的认知以及基于这个认知的政治理性来指导政治实践。这种指导是政治生活进步的理性力量。在理性政治生活中，人们逐渐抛弃了传统政治伦理的思想和观念，代之以法制，使政治生活向有序性演进。规范化使人们政治生活的质量得以提高，政治热情得以释放。公民的精神状态特别是主观努力程度对于国家的发展和公民作用的发挥意义重大。在同样的权利与义务情况下，政治热情不同，公民对国家和社会发展的影响则大不相同。

公民参与政治、表达民意主要通过直接参与和间接参与来实现。民意机构，就是人民代表大会一定要体现民意，真正代表民意的专职代表要增加，代表由公民直接选举产生，代表直接对选民负责。要建立质询制，民意代表可以对政府官员包括总理在内直接进行质询，质询场面可以向全国进行现场直播。要加强民主决策机制，要有公示、听证、专家论证制度，要有纠错机制，明确的问责制，但要防止形式主义严重，要真正落实。要建立健全有效的监督体制和制衡体制，使公民的政治参与真正有效。格林斯坦和波尔斯比认为，政治参与可能采取的形式因社会而异，但是有代表性的是，它包括投票和其他选举活动、影响政府决定的集体游说、有组织的活动、特殊的接触和不顾法纪或暴力的行动。公民参与的直接目的通常是影响政府的公共政策和政治进程，但其最终目的无非是最大限度地增进公共利益。

4. 政治参与的基本途径

在代议制民主体制下，选举是公民表达意愿的最直接、最重要的渠道，是公共意志形成的最重要的途径，也是民主政治最重要的表现形式。这里的选举，既包括对人大代表的选举，也包括对行政首长的选举。早在 1987 年，邓小平就明确指出："大陆在下个世纪，经过半个世纪以后可以实行普选。"所以应该逐步扩大直选面，从村一级扩大到乡镇，代表直选可以扩大到县、甚至到省，这样就可以使权力自下而上地授予，让民众的政治参与真正实现。同时改进人大代表候选人的提名和介绍办法。在提名中，扩大选民的提名权限，对团体的提名加以一定限制，平等对待选民和团体提出的候选人，使代表真正从群众中产生，反映群众意愿。通过这个社会民主的推进，可以使我们国家真正成为宪政民主的国家。

衡量一个国家政府的民主化程度，一看选举是否真实，二看选举是否普遍，三看政府是否真正按照多数选民的意愿办事。建设强大的民意机构，扩大直选范围是进行政治体制改革所必须进行的，它不仅可以有效加强公民政治参与热情，加强选举的真实性、普遍性和有效性，而且是实现政治民主化的必经之路。

我国公民参与政治的形式多种多样，极为广泛。概括起来有以下几种：

① 参加政治投票；

② 参加政治党派；

③ 参加政治性社团；

④ 参加政治集会；

⑤ 参加基层群众自发组织的活动；

⑥ 参加社会协商对话；

⑦ 运用政治舆论和信访活动。

二、社会性别视角下的大学生政治参与

大学生是未来社会政治参与的主体力量之一，大学生的政治参与问题对于贯彻落实十八大精神，加速我国政治民主化改革具有重要意义。特别是女性政治参与是社会主义政治文明建设的一项重要内容。在树立和落实科学发展观，构建社会主义和谐社会新的历史条件下，提高女性政治参与水平是贯彻男女平等基本国策，实现男女两性和谐发展的重要环节，也是和谐政治的重要标志。

1. 21世纪的大学生政治参与

新时期是中国抓住机遇，迎接挑战的时候，是争取快速科学发展的关键时期。大学生的政治参与是指作为参与主体的大学生对国家的政治、社会生活现状的基本了解、认识，并在此基础上通过各种途径的实际行为投入。大学生群体是热爱祖国、拥有智慧、善于

交流、富有激情、易于凝聚的群体，是青年群体的中坚力量，他们以自身特殊的优势时刻准备着担负建设祖国的历史使命，即便在脱离大学生群体走向社会后，他们的知识水平、思想意识和行为准则仍将对社会其他群体产生重要影响。因此，大学生群体影响着未来社会发展的走向，是实现中国科学发展的重要力量。

新时期大学生群体的政治参与现状呈现出新的特点：政治价值观由激情转为务实。他们的思想表现得更加成熟和冷静，政治参与行为也更加务实。大学生群体的政治结社、政治表达和政治接触等呈现良好的发展势头，希望加入中国共产党组织和对各种社团感兴趣的学生在当前大学生中占了相当大的比重。他们对政治投票和政治选举整体则呈现消极参与型。有专家指出，他们的参与投票率虽然很高，但对选举的意义、程序和候选人情况并不完全了解，多数人是以非理性方式投票的，在一定程度上存在着政治冷漠。由此可见，大学生群体主流是积极向上、乐于进取的，但也存在一些问题，比如少数人的政治冷漠、素质下滑、政治参与有投机成分等，如果不能及时引起关注，进行积极的引导，可能会产生较多的负面效应。所以我们有必要对大学生的政治参与进行积极引导，使其对社会发展发挥出更大的正向效应。

2. 大学生政治参与的突出表现

(1) 入党积极性不断提高。中国共产党是建设中国特色社会主义事业的领导核心。入党是大学生政治参与的最集中表现。

作为当前吸纳党员最重要的组织之一，高校在这方面肩负着当仁不让的使命。以某大学为例，历届党委领导都十分重视党建工作，对发展和壮大学生党员队伍做出重要指示。每年新生入学最先接受的教育内容之一便是党团基础知识和基本理论。校、院各级党委领导亲自给入党积极分子、预备党员、正式党员上党课更是早已确立为一项基本制度。通过党的基本理论知识教育，新生中要求入党的人数逐年增加，有的院系新生递交入党申请书人数高达 80% 以上。从大二到大四，分批发展学生党员，到毕业班时，学生党员占班级人数多的可以达到 20% 左右。这充分说明当代大学生政治参与意识越来越高、主动性越来越强。

(2) 暑期"三下乡"活动如火如荼。以"受教育、长才干、做贡献"为原则，以"文化、科技、卫生"为内容的"三下乡"大学生社会实践活动是当代大学生政治参与的重要表现。"三下乡"大学生社会实践活动每年都有鲜明的主题，特别明确政治目的，参加的人数也是逐年递增。

以学习、宣传和实践以邓小平理论、"三个代表"重要思想、科学发展观为指导的实践服务团，引导大学生特别是党员大学生、入党积极分子在实践中深刻领会中国特色社会主义理论体系的永恒主题，明确责任使命，服务农村两个文明建设。实践服务团实现了服务农民、锻炼学生这两个目标；把握了四项原则，即树立群众观点，把农民群众需要作为第一选择，把农民群众满意作为第一标准；办实事办好事，让群众得到实实在在的好处；转变作风，引导学生继承和发扬艰苦奋斗的优良传统；加强调查研究，了解农民的所思所盼，了解农村的发展状况，了解我国的现实国情。广大学生投身火热实践，坚持"受教育、长才干、作贡献"的宗旨，用行动深刻领会、切身践行当代社会永恒主题，履行"同人民紧密结合，为祖国奉献青春"的诺言。广大学子在广大农村基层，积极参与科技支农、企业帮扶、文化宣传、支教扫盲、环境保护、法律宣讲、医疗服务等实践服务活动。

(3) 青年志愿者活动广泛深入。自 1993 年"跨世纪青年文明工程"实施以来，中国青年志愿者以"致力于帮助有特殊困难的社会成员，推动多层次社会保障体系的建立和完善；致力于消除贫穷和落后，消灭公害和环境污染，普及科学文化知识，促进经济社会协调发展和全面进步；致力于建立互助友爱的人际关系和良好的社会公德，推动社会主义精神文明建设"为宗旨，行动覆盖了全国 30个省、自治区、直辖市，参加志愿者活动的青年达数百万人次，组成了数十万个志愿者服务队。而青年大学生充当了这一活动的主力，这明显表明了当代大学生政治参与意识已普遍提高。

(4) 积极参加学校社会工作，竞选和担任学生干部。当代大学生在校内争取担任学生干部、承担社会工作的机会，成为又一项间接参与政治活动、增加社会经验、提高社会活动能力的生活内容。许多大学生一进校门便开始寻求承担社会工作的机会。各级团组织、学生会以及广播台、校报乃至各类学生社团都能集合一批"毛遂自荐"的学生骨干，学校各类大型活动从策划、宣传、组织到"跑腿"也总有一批学生积极分子忙前忙后。在当代大学生中总有那么一群身兼数职，时间表排得满满的"校园忙人"。近年来，许多高校的一些职能部门也聘用了一些"学生助理"，为学生锻炼和提高社会工作能力、增强行政工作潜质提供了更多的岗位。

3. 群体内因素对女大学生政治参与的影响

女大学生政治参与的状况，包括女大学生政治参与中存在的问题，是多种因素作用的结果。

其一，传统男权政治对女性的排斥。由于政权的极端重要性，传统文化都将政治领域划分为女性的禁区，严防死守。西方哲学家从亚里士多德到康德、卢梭、黑格尔，都一脉相承地认为，女性天生缺乏理性，不适合参与政治。中国传统性别文化也认为，女性天生智力和体力都比男性弱，故其地位比男性低下，应从属于男性，不能享受与其平等的权利，尤其不可参政，否则会祸国殃民。所以在漫长的中国封建社会里，女性一直被排斥在政治之外，其活动范围被严格地限制在家庭之内，其价值也只能通过相夫教子来实现，即使是慈禧太后，也只能"垂帘听政"。这种男公女私、男外女内的性别本质，通过家庭、社会习俗、文学作品、媒体等各种途径，润物无声地内化成了中华民族共同的社会心理和集体无意识，使得不仅一般的社会观念认为女性不宜参政，连许多女性自己也对此认同，认为自己不适合、不应该也没有能力参与政治而自动放弃。长期被排斥在政治权力机制之外，其利益无人代言和力争，而人们视此为天经地义，对女性的发展造成极大障碍。

其二，受传统教育影响，女大学生自我认识不足。在第一点我们谈到了传统男权对女性的排斥所形成的障碍，这种障碍不自觉地一代一代设置，内化为一种交易模式。许多从政的女性干部，在传统社会面前得不到社会和家庭的理解，从而使得她们感到种种无形的压力，以至身心疲惫，造成许多说不清的困难。在对于"男主外，女主内"的观念调查中，有90%以上的女大学生反对这样的一种看法，尽管如此，中国传统的封建观念的影响仍然存在于她们的内心深处，外界的压力使得她们在反对男性主导的局面时也觉得心有余而力不足。

其三，家庭因素对于女大学生参政影响很大。俗话说父母是每一个孩子成长的第一个老师，父母自身的文化素质、生活经历、职业等等对孩子的发展影响巨大。父母的参政意识强，参政行为频繁，其孩子会在潜移默化中建立一种原始的参政意识，而这种参政意识对于其成人后的参政行为影响是极其强烈的。家庭教育对中国这样一个长期以小家庭模式存在的社会来说具有其他教育方式无法比拟的优势，父母常常情不自禁地剥夺了子女应有的政治上和心理上的成熟。作为女大学生，其内心对父母的认可度比男性则更为强烈。

调查显示，有公务员背景的家庭的女大学生愿意从政的比例明显高于其他家庭背景的女大学生。

其四，政治意识缺乏。部分女大学生对于当前国家政治时事及政治体制运作的不清醒的认识，是导致她们形成政治淡漠的突出影响因素。在调查当中，有相当一部分人给出的不愿意从政的原因是官场黑暗，存在勾心斗角、腐败问题等等。这种对政治的消极评价和认识，导致了她们选择远离官场，远离政治的行为。自改革开放以来，不可否认，在个人主义、拜金主义、享乐主义等思潮的影响下，我们党和政府内部确实有一小部分人经受不起诱惑而走上腐败道路，丧失国格人格，给党和人民造成巨大损失，影响相当恶劣，这些消极因素都难免对女大学生造成政治黑暗的错觉。近年来一些大案要案的相继曝光，藏匿在党和政府里的蛀虫不断被挖出，一些不客观的舆论报道和社会评价也对女大学生造成了不良的影响。

其五，女大学生对我国现在的政治体制的认识也不够深入。在调查中，大部分女大学生对人民代表大会制度不甚了解。我国的政体是人民代表大会制度，全国人民代表大会是宪法规定的最高权力机关，享有崇高的任免权和监督权。但是在调查中发现很大一部分女大学生对人大的认识相当贫乏，由此可以看出加强女大学生政治教育对于拓宽女性参政途径来说是非常必要的。

三、提高政治参与能力素质

大学生的有序政治参与不仅是自身健康成长、全面发展的需要，也是推进政治现代化、民主化进程的必然要求。但受多种因素作用，当前大学生的政治参与发生了显著的变化，也产生了一定的问题。要推进大学生有序政治参与，在不断完善政治参与机制，拓宽大学生政治参与渠道的同时，必须加强和改进思想政治教育。大学生可以从以下几个方面提高政治参与的素质和能力。

1. 学习政治参与知识

培养积极主动的政治人才，养成怀疑与批判的公民精神。大学生具有领先和超前于其他群体的特征。近年来伴随着严肃文化的流失，高校的政治文化趋于沉寂，失去了在青年文化中的指导作用，中国社会中产阶层的崛起使大学生不再成为社会关注的焦点，大学生政治参与的注意力被就业压力所分散。大学生具有的领先和超前于其他群体的独特性表现为由强烈的社会责任感、使命感所激发出的社会忧患意识和政治参与意识，应把自己的兴奋点引向关系国计民生的社会政治生活领域。

大学生的政治参与意识的增强必须建立在对基本政治参与理论知识掌握的基础之上。基本政治参与理论包括：政治参与的概念、政治参与的类型、政治参与的方式与条件、政治参与的作用和发展方向、政治现代化等内容，只有对这些基本的政治参与内容有了一定的了解，大学生才能形成政治参与意识，表现出政治参与行为，不断提高自身的政治参与能力。因此，在高校，要利用课堂系统传授相关知识；在课下，要利用互联网等工具为学生提供自学相关知识的条件。

例如，教师可以把课文中的知识转化成讨论的话题，以小组或班级为单位开展讨论或辩论，使学生从中学会探究问题的意识、谈判沟通的技能、论证观点的方法。通过"情景模拟"、"角色扮演"、"议会辩论"，使学生体验公民政治活动，将所学政治知识转化为自己的政治理念。在讨论中，师生双方的高自主性、高积极性、高合作性和高创造性将导致大学生政治参与意识的积极变化。

2. 树立政治参与意识

激发大学生政治热情，培养大学生政治参与意识。大学生应以天下为己任，学会承担社会责任，"学会关心"。具体地讲就是关心国家与社会、经济与生态利益，关心全球的生活条件，关心他人，关心家庭、朋友和同行，关心其他物种，关心真理、知识和学习，还包括关心自己和自己的健康，重建大学生的社会责任感。"大学不仅要传递有利于社会进步的政治思想和政治规范，以促进政治体制的健全和完善，引导政治生活朝着健康的方向发展；而且，大学还应该阻抑和否定政治意识、政治生活中不合法、不合理的言行，以促进社会政治和大学的政治教育沿着正确的轨道发展。只有以传递与批判为基础的政治功能，才是大学真正的政治功能。"

按照弗洛伊德的观点，独立是现实的"自我"与潜意识中的"本我"的高度一致。在中国传统文化中，贬斥个人、崇尚权威的等级观念是独立人格形成的障碍。它使人格的独立性被扼杀，"随时准备当别人的奴隶或者成为别人的主人，唯独没有与别人争取平等的气魄与勇气"，就意味着思想压迫。如果公民没有明确的自我意识，他就不可能产生民主的诉求，更谈不上以自由平等的身份参与政治活动，在这样的社会里，民主只能是海市蜃楼。全球化决定了人的素质必须在开放的环境中养成。大学生为接触社会创造条件，应根据社会需求选择自己发展的方向和学习的内容；通过社会实践把所学的知识转化为自己的品德和解决问题的能力；不断提高、丰富、超越自我，以开放的眼光和胸怀拓展生活之路，接纳社会，参与社会，融入社会。

3. 掌握政治参与方法

当代实用主义者悉尼·胡克在其名著《理性、社会神话、民主》一书中说："的确，有些人对自己的利益是什么并不清楚。但是旁人却自称知道他们'真正的'利益是什么，或应有什么利益，那就太放肆了。父母断定自己对孩子的利益比孩子自己知道得更清楚，那也许是有道理的。可是任何统治者声称他对被统治者真正利益是什么比被统治者知道得更清楚，并以此来为自己废止民主的监督做辩护，这就无异于告诉被统治者说，他们并不比孩子们更负责任。统治者在压迫他们之外，还侮辱他们，因为他把他们的童年看成是永久的。"正是这些连自己的利益诉求都不清楚或不完全清楚的人为专制和独裁提供了土壤。因此，参与政治活动的人必须具有明确清晰的利益诉求，并且知晓如何合情、合理、合法地去争取和捍卫自我的利益。

首先高等院校要发挥引导大学生政治参与的主渠道的作用。邓小平指出："学校应该把坚定正确的政治方向放在第一位。"可以开展演讲比赛、辩论赛、宿舍讨论、实地考察等各类活动。积极推动研究型教学，提高大学生的领悟能力。教师可以在课堂上就相关热点、难点问题列出题目，由学生自己讨论并撰写研究文章，进一步提高思想、政治、理论水平。资深的政治专业教师定期去其他专业院系开设有关政治参与类讲座。党委、团委可以引导大学生课外举办相关的活动，如十八大知识竞赛、观看视频资料、书写评论、提供优秀网站供学生课下自学、组织学生撰写政治类博客，等等。利用报纸、电视、广播、互联网络等方式进行宣传、教育，使大学生自身在潜移默化中提高思想政治水平。

其次是政府。政府根据国家发展的需要，不断颁布与大学生息息相关的政策法规。2003 年 6 月，共青团中央、教育部、财政部、人事部联合下发《关于实施大学生志愿服务西部计划的通知》；2003 年 9 月，国家发展和改革委员会下发《关于鼓励中小企业聘用高校毕业生搞好就业工作的通知》，鼓励高校毕业生自主创业。在这些政策法规的引导下，大学生进入社会呈现出多样化选择，参军、服务基层、考取公务员、自主创业等等都成为报效祖国的好方式。政府的政策引导对大学生的政治参与方式的选择、政治参与热潮的形成都是必不可少的。政府应该在此基础上加大力度，适时地、不断地出台与大学生发展相关的一些新的政策法规、保障实施措施，使大学生明晰将来的发展方向，为大学生政治参与提供政策指导、扶持与制度保障。

最后，社会中有重大影响的事件往往会起到引导大学生行为的作用。2004年中央电视台"感动中国"人物大学生徐本禹引发了中国大学生支教热潮。2005年"感动中国"人物之一带妹求学的洪战辉树立了自立自强，面对困难坚强不屈、奋发向上的大学生的光辉形象。2006年感动中国的青岛"微尘"，使大学生越来越多地感受到了身边以及社会中的正向力量，容易形成刻苦学习、反哺社会的心态。2007年凤阳大学生村官时全、张宁均以高票依法当选为滁州市第四届人民代表大会代表。这一切显示出越来越多刚刚走出校园的大学生正进入社会政治舞台，并在社会的科学发展中展现出自己的风采，从而调动了大学生政治参与的积极性。所以，社会应该利用各种途径、方式积极宣传大学生的优秀事迹，使大学生的重要作用得到社会的充分认可，以便发挥出更大的社会辐射效应。

构建社会主义和谐社会的重点之一是构建男女两性在社会和家庭中的平等和谐关系。这是衡量一个国家妇女权益和性别平等的指标，也是树立中国作为社会主义国家的良好国际形象。提高当今大学生政治参与(参与决策与管理)的能力，特别是提高女大学生政治参与的素质和能力，参与学校的决策和管理，参与国家政治生活，必须通过男女两性的共同努力。通过女性对各个领域每一具体事物，包括政治生活的参与，才能够建立一个平等、尊重、理解与和谐的社会。

<h1 align="center">◇◇◇◇◇ 学习思考题 ◇◇◇◇◇</h1>

1. 政治参与的内涵是什么？
2. 大学生政治参与的方式是什么？
3. 如何提高女大学生政治参与的能力？

 案例链接

1. 推动形成"参与型文化"

2003 年的"非典"在让人们重新审视生命意义的同时，也让人们热切呼唤知情权的实现。从这场突如其来的灾难中获得的最大启迪是，民知多而不乱。让媒体和公众参与，最大限度实现公众的知情权，应成为政府管理的新形式。长期以来，高校或多或少忽视了学生的公民权责的教育，结果是淡化了大学生对政治的关心，导致他们缺乏行使公民权利的参政意识。课程内容狭窄，静态地介绍法律条文和公民义务的多，动态地反映政治参与和公民权利的少。谈论结果的多，涉及过程的少。事实上，公民权责的实现正是体现在法律的制定以及政治参与的体验过程中。高校在向学生传授政治的价值性知识的同时应强调政治的操作性知识，加强大学生政治参与的实践锻炼，将知识转化为民主政治建设所需要的能力，塑造具有较高参与知识和参与经验的公民，以推动整个社会形成"参与型文化"。

2. 撒切尔夫人的政治观

玛格丽特·撒切尔说:"政府的职权应由人民赋予,而不是由政府赋予人民权力。"

在整个20世纪80年代,有"铁娘子"之称的撒切尔夫人是世界上最具权力的女性之一。这个时期,她是苏联总统戈尔巴乔夫与美国总统里根之间的联络人、协调者。撒切尔夫人强硬而坦诚,固执而富同情心,勇于竞争而又冷静,善于与任何人交往。撒切尔夫人在无任何家庭背景的支持下,从英国中低阶层进入由男性权势占领的政界,步步登上权力顶峰,成为英国的女首相。

是洞悉力和执着使得撒切尔夫人获得英国托利党(保守党)的领导职位,是决心和竞争性使得她在20世纪占据此位的时间超过英国其他首领。作为英国首位女首相,人们曾预料她难以有所成就,因为现实和传统的观念总是反对女性指挥男性占据的堡垒。而事实却表明,撒切尔夫人借助变革立法所取得的政绩超过了前三任首相的总成绩,她以她的支持者和反对者都未曾预料的速度,迅速扭转了英国每况愈下的经济。

撒切尔夫人凭借确信主义哲学管理国政,并有强烈的务实精神,这一非凡的品格使她得以承担一个庞大的政体。大部分抱有成见的官僚憎恨她,却又害怕她那些良好的成绩。"铁娘子"从不轻易让人摆布,受人支使,她敢于与众不同。她喜欢引用福克斯的话:"一位妇女一旦能与男人相抗衡,她会比他更出色。"的确,许多政界首脑都认为她是这句格言的体现。

3. 当代女大学生参政意识调查

参政是一切阶级、性别实现自己要求的最直接有效的手段,女性参政是指女性有意识地参与国家和社会公共事务。当代大学生是女性的特殊群体,具有较高的科学文化素养,是中国未来女性政治参与的代表，那么，这部分群体的参政意识如何呢？下面是一份当代女大学生参政意识调查问卷。

一、参政初始意识调查情况：

1. 对"政治参与"一词的理解：

A. 非常了解   B. 一般了解

C. 有一点了解   D. 不了解

2. 对国家时事的关心程度：

A. 非常关注   B. 一般关注

C. 有一点关注   D. 不关注

3. 了解国家时事的主要途径：

A. 广播电视   B. 报纸刊物

C. 网络信息   D. 其他

4. 对全国人民代表大会关注情况：

A. 非常关注   B. 一般关注

C. 有一点关注   D. 不关注

二、有关政治参与的活动情况：

1. 女大学生参政的主要方式：行使普通公民的政治权利参与社会管理，如：

A. 参加选举、集会等

B. 加入政党，参与政治活动

C. 愿意作为候选人参与人民代表的选举

D. 其他

2. 对于自身参政行为的意义认识：

A. 影响很大   B. 影响一般

C. 没有一点影响   D. 不清楚

3. 政治面貌状况：

A. 中共党员(包括预备党员)

B. 入党积极分子

C. 共青团员

D. 其他民主党派党员或一般群众

三、影响女性从政的观念和原因：

1. "男主外、女主内"的家庭模式：

A. 同意　　B. 不同意

2. 相对于我们女性而言，政治生活离我们很远：＿＿＿＿＿＿

3. 女性的从政状况是人类社会现代文明的标志之一：＿＿＿＿＿

4. 对当代女性从政的态度：

A. 非常支持

B. 比较支持

C. 支持也有一些担心

D. 不支持

5. 阻碍女性从政的主要因素：

A. 性别歧视　　　　B. 社会评价

C. 女性自身因素　　D. 家庭因素

四、女大学生政治愿景：

社会性别与可持续发展

　　两性关系是社会关系的基础。性别公正是指对男女都公平的过程，而性别平等是指男女在实现他们的人权以及发展潜力方面应该享有同样的地位和条件。我们应该在维护全球环境的可持续发展中，平等地发挥两性的特长与潜能。

　　本章节主要围绕社会性别与环境可持续发展主题，集中探讨社会性别问题与环境可持续发展问题的重要关系是什么？这些关系的实际影响和政策影响是什么？从女性的性别优势、特殊地位、重要作用得出女性是可持续发展的重要力量，用生态文明建设中的社会性别视角探索性别平等、生态文明建设与可持续发展的关系，并通过分析诸多创建两性和谐发展的环境因素深入研究和探讨女性与和谐社会的关联性，总结女性与环境的研究方法和内容，认清中国人口、社会环境及其对可持续发展的影响，积极寻求适合中国国情的发展道路。在当今社会，社会性别与可持续发展的相关问题具有重要的理论意义和迫切的现实意义。

　　保护环境，促进经济发展同人口资源环境相协调，促进人与自然相和谐，实现可持续发展，是国际社会在工业化、城市化和经济全球化进程中普遍关注的重大问题。中国拥有世界上最大规模的妇女群体，越来越多的中国妇女自觉参与到环境保护与可持续发展中来，保护地球家园、促进可持续发展，共同推动全球更大规模、更深层次参与环境保护与可持续发展，为共同建设持久和平、共同繁荣的和谐世界而不懈奋斗！

一、可持续发展的社会性别视角

1. 女性在创建可持续发展的社会环境中的性别优势

当今社会提倡性别公正、男女平等，所以我们应该在维护全球环境的可持续发展中平等地发挥各自的特长与潜能。女性发展是影响我国实现可持续发展的重要因素，可以促进我国可持续发展能力的不断增强。因此，要充分关注男女两性的协调发展，并清晰认识到女性在创建可持续发展的社会环境中具有明显的性别优势。

和谐社会应该是一个以人为本、可持续发展、大多数人能够分享改革和发展成果的社会。人类社会是一个不断从低级向高级发展的历史过程。建立平等、互助、协调的和谐社会，一直是人类的美好追求。党的十六大明确把社会更加和谐列为全面建设小康社会的一个重要目标。2005 年 2 月，在省部级主要领导干部提高构建社会主义和谐社会能力专题研讨班上，胡锦涛总书记提出了构建民主法治、公平正义、诚信友爱、充满活力、安定有序、人与自然和谐相处的社会主义和谐社会的总目标。党的十六届六中全会全面分析了我国当前的形势和任务，通过了关于构建社会主义和谐社会若干重大问题的决定。至此，社会各阶层和睦相处，社会成员各尽所能，人民的聪明才智全面发挥，人的基本权利和需求得到满足，经济社会协调发展，人与自然和谐相处，最终实现经济、社会和谐。人类的历史和人的全面发展，成为我们建设可持续发展的和谐社会的目标。

在男人和女人共同牵手走过的历史中，占全国人口"半边天"的现代女性，既是社会的一分子，又是家庭的一成员，既有自己的事业，也有美满幸福的家庭。可持续发展的和谐社会为女性的全面发展提供了有力的理论政策支持和广阔的舞台。在竞争激烈的现代社会中，女性具有其自身的优势，她们性格刚柔相济，更具忍耐力；对人更为亲切，处事更为灵活；语言表达能力强，吐字清晰准确，富于感染力，善于与人沟通；感性思维丰富，心理更为敏感，富于同情心，更易得到他人的信任和帮助，也更能设身处地为他人着想；人际关系协调能力强，有更好的灵活性、包容性、亲和力和与人合作的精神；女性领导和管理者的风格更为民主、务实，善于倾听下属的意见，与男性领导相比，多了参与和民主，少了命令和独裁。新时期女性更要充分发挥自己的优势和潜能，在社会主义和谐社会构建中贡献出自己的聪明才智。

近年，习近平主席在妇女与可持续发展国际论坛开幕式上的致辞中也肯定了女性在当今社会发展中所表现出的性别优势，认为各国妇女积极参与环境保护与可持续发展，在消除极端贫困和饥饿，改善产妇保健、降低儿童死亡率等方面积累了成功经验，为促进人类社会发展进步作出了重要贡献。

2. 女性在可持续发展的社会环境中的特殊地位

坚持以人为本，落实全面、协调、持续的科学发展观是我们党构建社会主义和谐社会战略目标的理论基础。科学发展观是一种集经济、社会、自然为一体的系统战略思想，它以经济可持续为前提、生态可持续为基础、社会可持续和人的全面发展为目的，追求的是经济繁荣、生态安全和社会公平。

(1) 女性与经济繁荣。

可持续发展首先追求经济繁荣，它要求以经济增长为前提，为国家富强和满足民众基本需求提供经济支持。在经济现代化的伟大工程中，人力资本的数量与质量是持续发展的关键所在。

我国是一个人力资源大国，人口总量大，但素质较差，人力资本存量偏低。占人口总数一半的女性在文盲半文盲比例中占多数；我国贫困地区缺乏教育的现象也主要集中在妇女与女孩中。同时，目前我国妇女从业情况不佳，并且女性人力资本价值总量远远低于男性。此外，随着城市化进程的加快，农村劳动力大量转移，农业劳动者出现女性化趋势，当前农村贫困化突出地表现为农村女性的贫困化。因此，女性人力资本在数量和质量方面的严重不足，已经成为制约我国经济可持续发展的障碍，它不仅无法推动经济繁荣，而且还再生着贫困和低效率，成为经济发展的巨大包袱。当前加大女性人力资本投资，缩小两性在人力资本存量上的现实差距，是立足我国国情，实现可持续发展的最佳战略选择。加大女性人力资本投资可以大大增加她们对社会的贡献份额，形成女性人力资本增值和经济发展的良性循环。就这个意义上说，性别平等对于经济的可持续发展与繁荣关系极大。

(2) 女性与社会公平。

社会可持续发展重点评价发展的公平度，关注社会资源的分配、使用和效用状况，是中国特色社会主义追求共同富裕的本质属性。然而，性别不平等以及由此带来的社会不公平依然存在。在社会生活中，男性与女性有着同样的尊严和价值，亦应有同等的权利和机会。但是随着市场经济的强烈振荡，我国历史上形成的两性之间的现实差异被迅速放大了，女性的生存权利与发展权利在很大程度上受到挑战。首先，在市场竞争、劳动力总量供过于求的大背景下，女性失业率上升，就业率下降，经济收入面临锐减和中断，使这部分女性沦为低收入阶层。其次，社会保障制度的不全面不健全，造成失业或无业女性的福利缺失，加重了女性的贫困度。再次，女性整体素质的相对低下，加剧了女性的边缘化。最后，急剧变革时代呈现的离婚率上升、家庭解体等现象中，受伤害的大多是女性，并由此带来女性生活状态的恶化。

在我国当前经济实力日益增强、改革开放成果日益丰硕的条件下，女性对社会生活的低度参与和对社会发展成果的低份额分享，无疑使两性发展呈现不平等状态。这种状态若得不到有效遏制，两性不平等便会进一步强化，可持续发展所期盼的社会公平将是空中楼阁。因此，性别平等对社会公平有着重要意义。

(3) 女性与生态安全。

可持续发展要求人口资源环境相互协调，人口增长必须与经济水平、资源能力和环境条件相适应，保证生态安全。

生态安全至少在两个方面与性别平等问题直接相关：一是维护人与自然的生态平衡，控制人口数量，提高人口素质。我国是一个自然资源短缺的国度，人多地少水少油少，许多重要资源人均占有量远远低于世界平均水平。然而，与此形成强烈反差的是人口数量巨大，人口素质不高。这就使我国在资源的占有和利用方面困难重重，矛盾突出。因此，控制人口数量，提高人口素质就是当务之急。而这又与女性素质密切相关，女性的健康关乎自身与后代的体质和智能，受教育程度既关乎生育意愿又直接影响后代的素质。二是维护人口性别之间的生态平衡。性别之间的生态平衡关系到我国人口的正常繁衍。近些年由于旧观念影响和计划生育控制，我国出生人口的性别比例一直失调。性别比例的失调是男女不平等的集中体现，它极大地干扰了人口生态安全，亟待国家政策的出台。

3. 女性在创建可持续发展的社会环境中的重要作用

(1) 在理论创新中锐意进取。

理论指导实践，科学、正确的理论是人类正确进行社会实践的指南，是推动社会进步的加速器。马克思主义理论自诞生起，便成为全世界无产阶级革命者的法宝。中国的毛泽东思想、邓小平理论、"三个代表"重要思想以及科学发展观是今天中华民族振兴强盛的伟大思想武器。而一切先进的政治、经济、哲学、历史、文学、艺术等精神成果，都影响和支配着人们的实践行为，有力地推动着社会的进步。建设和谐社会，各领域都需要科学正确的理论指导。当今女性应和男性一样，在理论研究领域大胆探索，勇于创新，去创造科学的思想成果和先进的精神文化，为社会的进步做出贡献。

(2) 在社会管理中建功立业。

无论是政党的活动、国家机构的管理，还是社会团体、企事业的运转，都是极其复杂的系统工程，除了需要直接从事生产物质财富、精神成果者之外，还需要大批政治活动家、管理工作者保证其正常运行和不断发展。随着社会的发展，男性独居高位的时代正在过去，越来越多的女性以雄才大略和强烈的事业心、责任心，她们的细心、耐心、宽容心等优势特质，在过去男性占统治地位的岗位上崭露头角。现代女性拥有的技能和特点等事实证明，女性在社会管理中完全可以运筹帷幄，建功立业。

(3) 在创造财富中展示才能。

据相关调查表明，女性的观察力、记忆力、语言能力等智力因素，以及责任心、事业心、细心、耐心、宽容、合作精神等非智力因素方面都颇具优势。其思维能力也并不亚于男性，而这些因素都是进行科学研究活动非常重要的条件。因此，全社会都应该支持女性参与科学活动，女性也要正确认识自身的潜能，选择适合自己的专业方向和研究课题，大胆探索，在现代科技活动中撑起半边天，为提高我国科技生产力，创造丰富的社会财富做出贡献。而作为国民经济发展基础的教育事业，则更是女性的用武之地，在实施"科教兴国"伟大战略的今天，女性更应该放开手脚一展才华。

(4) 在服务社会中大显身手。

随着我国政治体制改革、人事制度改革的逐步深入和社会主义市场经济体制的完善，社会对于服务行业的需求将越来越广泛，需要也将越来越大，越来越规范，如医疗卫生、交通、旅游、餐饮、商业、贸易、家政等，有的已经或即将成为国家或某个城市的支柱产业，从而影响着整个经济的发展。女性应在这些领域充分发挥所长，大显身手，贡献力量。

(5) 在组织家庭中倾注智慧。

女性是"和谐家庭"的核心。由于历史、社会等诸多原因，千百年来，相对男性而言，女性对婚姻和家庭有着更大的责任感，承担更多的义务，因此也在维系家庭的稳定及促进家庭的和睦幸福等方面发挥着更为重要的作用。女性要引领家庭走向和谐幸福，必须树立正确的现代女性意识，把生存价值体现在自己的智慧、学识与言行中，体现为自尊、自信、自立、自强的人格意识。女性最大的贡献，不是简单地为家庭每一个成员服务操劳，而应着眼于长远，培养每一个家庭成员独立应对生活挑战的能力和信心。女性是家庭文化的主要建设者，家庭是社会的细胞，家庭的和谐、稳定和温馨是社会和谐的基石。

二、生态文明建设中的社会性别视角

1. 社会性别的构成要素和发展衍伸

美国历史学家琼·W. 斯科特说："社会性别是基于可见的性别差异之上的社会关系的构成要素,是表示权力关系的一种基本方式。"作为一种社会文化,社会性别的构成要素大致如下:

(1) 社会性别的角色和地位。指对不同性别在行为、姿势、语言、情绪、心理上的规范和期待,并且有特定社会的历史发展状况给予评价。

(2) 社会性别的亲属关系。指不同社会性别的家庭权力和义务。亲属地位反映并强化了不同社会性别之间的声望和权利差异。

(3) 社会性别的个性特征。指社会性别规范模式化的各种特征,规范不同性别成员如何行动和感受,以及如何和他人相处等等。

(4) 社会性别的社会控制。指对社会认同的行为给予正式和非正式的赞同和奖励,对不被社会认同的行为给予指责,严重者进行社会隔离性惩罚或医学治疗。

(5) 社会性别的意识形态。指对不同社会性别给予不同的社会评价。占统治地位的意识形态,通过这些评价而获得明显优势,从而压倒对这种评价的批评。

(6) 社会性别的形象。指社会性别地位的再生产并使之合法化的符号语言,比如表现社会性别文化的艺术,文化成为社会性别意识形态的主要支持之一。

(7) 社会性别的性表现。指性欲望和性行为的规范化模式,占统治地位的社会性别有更多的性权利，而从属地位的社会性别可能受到性剥夺和性虐待。

(8) 社会性别的劳动分工。指对社会性别成员在生产和家务劳动上的安排。对不同性别的不同工作安排，强化了性别角色的地位。地位越高，工作的声望越高，价值越大，获得的回报越多。

作为一种制度，社会性别在个人生活方式，如生理性别类型、社会性别身份认同、婚姻和生育地位、性取向、通过家庭和社会培养的情感的内化模式，都与这些构成要素有关。

从 20 世纪 60 年代开始，许多文化学者在妇女运动的基础上，从各种角度对不同文化下的性别和社会问题进行研究和探讨，并最终得出社会性别这一理论。至此，社会性别理论被引进各个学术领域，不仅对社会性别学、妇女学等女性研究起了推动作用，还改变了整个社会对人类社会的认识和阐释。这一理论，对西方知识体系产生了深远的影响，并对中国女性主义的发展做出了突出贡献。

女性学在坚持社会性别为基本研究视野和理论出发点的基础上，进一步注入阶层、年龄、民族、性取向等诸多内容，形成多重、交叉视角，开始更多地从本土立场发掘学科的内在价值。社会性别学学科借助研讨会、互联网等方法就女性学发展以及与性别相关的热议话题进行讨论，为学界之间搭建了重要的沟通桥梁。可以说，进入加速发展期的中国女性学在汇聚多学科、跨学科知识的基础上，注重将理论、视角渗透到每一个学科中，进而发展成为一门肩负促进性别平等使命的综合性学科。

2. 性别平等与生态文明建设

可持续发展要求人口资源环境相互协调，人口增长必须与经济水平、资源能力和环境条件相适应，保证生态安全。在此，生态安全至少在两个方面与性别平等问题直接相关：一是维护人与自然的生态平衡。二是维护人口性别之间的生态平衡。

对于第一点，我国是一个自然资源短缺的国家，因此，控制人口数量，提高人口素质是当务之急，而这又与女性素质密切相关。首先，女性健康关乎自身与后代的体质和智能。女性在整个生命周期中的健康状态是她们身体素质的直接体现。虽然目前我国女性的平均寿命比男性高，但有资料表明其健康状况却不如男性。而女性天然地担当着生育的角色，所以其健康又关涉后代的体质和智能。其次，女性受教育程度既关乎生育意愿又直接影响后代的素质。多项研究表明，受教育程度与女性的婚育观念和行为有重大相关。女性文化水平越高，其平均初婚年龄就越大，对孩子的性别偏好就越低，期望的子女数也相对减少。此外，女性受教育程度的提高对于其后代的素质培养的作用是不言而喻的。母亲是孩子的第一任教师，若当前庞大的文盲半文盲的女性低素质大军状况得不到根本扭转，那就将使低素质在代际间产生着持续的负效应，这对可持续发展极为不利。

对于第二点，性别之间的生态平衡关系到我国人口的正常繁衍和发展延续。近些年，由于计划生育政策的控制和人们头脑中的旧观念影响，在我国出生人口中仍然一直呈现性别比例失调的状况。一些地区的性别选择仍严重地威胁着女婴的生存权利，非法鉴定胎儿性别、非法堕女胎、残害女婴现象时有发生，这是对女性生命权、健康权的侵犯和践踏。性别比例的失调是男女不平等在生育问题上的集中体现，它已经潜在地威胁了未来中华民族的正常延续，干扰了人口生态安全。而要扭转这一局面，就必须切实使性别平等意识深入人心，在政策制度与法律层面，在文化观念与价值导向层面贯彻男女平等的基本国策。

可以说，女性意识是一种传统的生态意识。女权主义运动发展到生态女权主义阶段，就从关注女性受压迫转到关注地球上生态环境的破坏。西方生态女性主义者内斯特拉·金认为，生态学、女性主义以及所有的自然物的解放都交织在一起。生态女权主义的一个主要观点就是反对把生命划分等级，主张按照女权主义原则和生态学原则重建人类社会。生态女权主义者始终强调妇女与自然环境之间的相关性，并强调基于妇女与环境之间相联系的资源，生态脆弱性的空间差异反映了妇女和环境的差异。环境压力的性别差异使得妇女可能成为环境破坏的一支不容忽视的重要力量，同时，妇女在面对环境恶化时会比男性更加脆弱和敏感，成为最容易受到伤害的一个人口群体。在面对环境恶化时男女两性存在显著的性别差异，而女性所受到的伤害显然更大。

3. 女性、生态现状与可持续发展

生态环境是指围绕人类的外部空间，包括人类以外的自然界中一切有生命和无生命的要素、对象，以及人类自身创造的对象。这是一个相互联系、相互作用的巨大有序的动态系统，它与人类生存和发展关系密切。首先，良好的生态环境为人类提供了生活、生产的空间和场所，提供所需的生活、生产资料。其次，良好的生态环境吸收接纳了人类生活、生产排出的部分废物。上世纪中国政府就已经将环保工作列入议事日程，多年来取得了相当成就。但是，由于人口规模过大，增速过快，由此带来的资源过度消耗给环境造成的压力也愈来愈大，生态破坏较为严重，环境问题依然十分严峻。总体来讲，中国目前环境形势不容乐观，全国每年因环境失衡、环境污染造成的经济损失直接制约了中国的可持续发展。

　　环境是可持续发展的目标，也是人类赖以生存、繁衍的场所。从女性与环境的角度看，两者有着天然的联系与亲近的情感。女性作为人类生命的孕育者时刻关注危及子孙后代的环境问题；女性作为家庭主妇通过日常消费影响资源消耗，也影响到潜在环境危害的发生；女性作为社会经济发展的重要力量直接参与到环境保护之中，并在环境保护和可持续发展中发挥多种作用。

　　在人与环境的可持续发展中，女性具有特殊的地位。首先，女性存在对环境有害因素耐受性较弱、敏感性较强、免疫力较差等特点，较男性更易于感受环境污染的危害和变化。其次，环境中的有害物质还会通过女性怀孕、哺乳等过程影响到下一代。同时，女性还是室内和室外环境污染的潜在受害者，妇女肺癌发生率不仅同主、被动吸烟有关，还同燃煤、炊事关系密切。另外，化妆品的使用、食品污染、居室和厨房污染都影响到女性的健康。特别是经济全球化加剧了女性群体在经济领域的边缘化地位和职业隔离，许多妇女包括一些年轻的外来妹不得不在重污染的企业从事有毒有害作业，她们的职业安全缺乏保障，健康状况受到严重损害。这些事实说明，由于性别分工、角色不同以及资源和权力的差异，环境污染和生态破坏会给女性造成更不利和更直接的影响。

　　环境污染不仅产生于生产过程，同时也产生于人类的消费过程，并导致了市场资源配置失灵的消费外部性特征。在过去的几十年中，人们只重视生产过程中的污染，而忽视了消费与环境污染的关系。女性在家庭消费、家务管理中占有主导地位，女性既是社会生产和生活资料的主要消费者，也是家庭消费的主要管理者。有研究表明，世界上70%的消费要通过妇女来进行，妇女选择什么样的消费品，以及如何决定家庭生活的消费方式，这不仅关系到家人的健康，还对环境和生态具有重大意义。同时，女性对消费品的需求和消费方式的选择还直接刺激商品的生产，因而也影响到环境的改变。

环境保护是一项人人参与、人人分享的事业。目前，我国妇女在环境保护中发挥着举足轻重的作用。她们通过植树造林，树立有益于环境的消费方式，开展减少城市生活垃圾等活动，教育子女和家人形成保护环境的良好社会风尚。女性作家还是环境文学创作的中坚力量，冰心、张抗抗等一大批女作家积极倡导环境保护，谌容以山西桓县治理严重污染为背景创作了长篇小说《死河》，老作家黄宗英多年来深入草原、沙漠、雪域、山林，不遗余力地呼吁保护环境，并根据女科学家徐凤翔在西藏高原建立简陋研究生态实验室的事迹创作了报告文学《小木屋》，在国内引起强烈反响。同时以钱易、唐孝炎院士为代表的一批女科技工作者也在我国环境保护的技术与决策方面发挥着重要的作用。总之，妇女不论作为消费者、生产者，还是家庭的照顾者和教育者都与环境保护息息相关，并在环境与生态保护方面发挥着越来越重要的作用。正如 1995 年世界妇女大会《行动纲领》所强调的："妇女对无害生态环境的经验及贡献必须成为 21 世纪议程上的中心组成部分。除非承认并支持妇女对环境管理的贡献，否则可持续发展就将是一个可望而不可及的目标。"

三、创建两性和谐发展的环境条件

性别平等是构建和谐社会的重要基础，是衡量一个社会文明与进步的重要尺度，是推进一个社会可持续发展的重要途径。然而，我国在构建和谐社会的过程中，诸多环境因素引发着性别不平等的现象，这一现状是我们在推进和谐社会的建设中所不可忽视的。

1. 社会历史环境

中国经历了两千多年的封建社会，在封建宗法制度和传统观念的束缚下，妇女一直处于被支配的地位，她们安于现状，顺从依附，没有独立的人格，更不能有效地开发自身的潜能和创造力，不敢向社会的偏见挑战，难以维护自己的合法权益。中国的封建伦理纲常还是有着强大的社会遗传作用的。现在人们也往往用比男性更为苛刻的标准来衡量女性，从而加大了女性进入政治、经济等社会决定性、主导性活动领域的难度，进而造成男女不平等的社会环境。

首先，女性习惯于传统的性别意识。缺乏自信心，不敢向男性中心意识公开斗争，依赖性较强，求救意识多，缺乏主动开拓、积极参与和再求发展的精神。其次，女性文化政治素质普遍较低。在科技迅速发展的今天，女性文化素质的高低，不仅会影响着社会经济的发展，而且还会直接关系到女性自身的发展及性别平等的实现，并且绝大多数女性愿意在家相夫教子，不愿意出人头地。再次，女性缺乏基本的法律素质。十年来尽管我国已逐步形成了以宪法为基础，以《妇女权益保障法》为主体，包括一批相关法律在内的促进妇女发展、维护妇女权益的法律法规体系，妇女的政治、文化、教育、财产各方面的权益得到了明确的法律保障。但在现实生活中，妇女权益时常遭受侵犯，这与女性较低的法律素质有着直接的关系。最后，女性在占有社会资源和分配社会收入方面处于劣势。由于市场本身的某些不平等，在资源分配和收入分配中，男性常处于优势地位，以致市场重心明显地向男性倾斜。女性在资源分配和收入分配中的劣势日益明显，市场强化性别不平等的风险正在不断加大，女性较多地集中在收入偏低的职业，在相同职业中女性的职务级别又比男性偏低。在农村，妇女的土地权益受侵害已成为一个普遍而严重的问题。这一系列的劣势使得女性在整个社会环境中的地位不断下降。

从两性协调发展的角度来看，女性的社会地位有待于进一步提高。从社会的整体发展的角度来看，改革开放以来我国妇女的社会地位已有所提高。但是，我国妇女要实现更高层次发展，要在现代竞争中真正实现男女平等，要使法律上的平等变成事实上的平等，这个过程依然充满挑战。首先要努力消除人们头脑中腐朽落后的男尊女卑意识，不断解决妇女在政治、经济、文化、社会、婚姻家庭等方面遇到的问题。其次要加强执法力度，认真贯彻执行《婚姻法》、《妇女权益保障法》等法律法规，同一切歧视、虐待妇女和女童的行为作坚决的斗争，严肃查处溺弃女婴的犯罪行为，使妇女在政治、文化、教育、劳动、人身、婚姻、家庭、财产等方面真正享有与男性平等的权利。从女性自身的角度来看，女性应该加强独立、自尊意识，积极提高个人修养，加强参与经济、政治活动的意识，通过女性自身素质的全面提高，可减轻我国性别失衡的压力。女性的生存与发展反映着时代的变迁，关注女性，便是关注时代发展；了解社会性别发展状况，则有助于洞悉整个社会的发展变化。

2．国家政策环境

妇女在现实生活中要在政治、经济、文化各方面取得平等的地位，必须要有完善的社会政策和法律法规给予保证。

(1) 大力发展社会生产力，完善社会保障制度。社会保障的程度是由社会生产力发展水平决定的，它必须与一个社会的经济发展程度相一致。目前，我国的社会生产力发展水平不高，而且发展也不平衡，尤其是农村生产力还较低，社会保障制度还不够完善，在农村普遍建立社会基本养老制度还有一定的困难。当前，我们应建立健全社会保障体系和社会老龄服务体系，解决农村计划生育家庭养老保险问题。

(2) 倡导社会性别意识，促进社会政策的性别主流化。所谓社会性别主流化，是指将社会性别意识引入深入发展及决策主流。它要求：第一，政府要担负起促进妇女与社会协调发展的责任；第二，政府应把性别意识纳入政策和方案的主流；第三，建立国家及地方级的性别平等机制。近年来，我国积极实施"男女平等"的基本国策，在很大程度上推动了两性和谐。但是这一政策在具体实施、操作过程中依然存在问题，一些保护妇女权益的规范、条文有些模糊，缺乏操作性。因此，还要加强倡导政府立法者和决策者的社会性别平等意识。

(3) 高度重视并切实加强男女平等基本国策的宣传教育。既然男女平等是我国的一项基本国策，那就有必要由教育部门牵头，将实现基本国策的宣传教育进入中、小学课程，使之成为政治和思想品德课的教学内容。帮助青少年突破刻板的传统性别定位，引进"双性化教育"，建立平衡的、多元化的性别。如：女性也可以进入主流社会，男性也可以从事专职的家务劳动，充分发挥每个人的潜在能力，使不同性别的青少年都充满自尊和自信。

多年来，我国虽有较为完整的维护妇女权益体系的相关法律，但由于传统文化、社会习惯等诸多因素的限制，公共政策及法律文本对"男女平等"的宣示并未在执行过程中得到很好的落实，相反，在社会整体运作机制上扩大或加剧了性别不平等。从法律规范中来看，重要的法律文本几乎都有"男女平等"、"公民在适用法律上一律平等"的规定。但这些规定都十分抽象，只是一种宣誓性的规范，并没有确切清楚的法律定义，没有具体法律措施来支持，存在性别盲点和缺失。从公共政策上来看，一些政策明显带有性别不平等的倾向。如：男女不同龄退休的规定，人为截短了女性特别是女性干部的职业寿命，致使女干部参政时间短于男性，在参政领域留下了男女不平等的缺憾。还有一些地方性的政策，通过妇女的劳动来促进新农村建设，而不是通过新农村的建设来促进妇女发展，含有明确的女性工具化的意向。从政治体制上来看，妇女享有的政治权利不够充分，社会性别纳入决策主流进展缓慢。我国女性政治参与的不足使党和国家的重大决策在性别视角上受到一定局限。同时，由于一些地方在女干部的培养使用上人为地设置了年龄障碍，也产生了某些不公正的后果，成为制约性别和谐的因素之一。

3. 当代社会环境

在社会主义市场经济的发展过程中，存在着商业文化和消费文化的趋利倾向。一方面削弱了人们对性别歧视现象的判断力，另一方面又强化了大众原有的传统性别意识，影响着人们对两性平等原则的尊重和倡导。在利润的驱动下，市场上打出"美女经济"的招牌，将女性作为观赏物和赚钱的工具，公开歧视、游戏女性。

当代社会应该建设先进性别文化，营造男女平等的社会环境。而解决男女平等问题，更重要的是给予女性一个健康的成长环境，从根本上说，就是要改变人们的传统观念，因为传统文化观念是男女平等难以实现的最深层原因。它不仅是男权统治和资源配置向男性倾斜的文化基础，而且还内化为不少女性的自我性别约束和对男女不平等社会安排的默许和认可。要使这一问题得到彻底解决，必须从根本上入手。也就是说，只有全社会真正形成尊重妇女、关心妇女的浓厚氛围，只有女性在教育、就业、政治、婚姻、家庭等领域遭受的不公正待遇和歧视逐渐减少，才有可能实现两性和谐。因此，首先要建设先进性别文化，优化妇女发展的社会文化环境，使关爱女孩、保护妇女、尊重女性成为全社会的共识和行动；其次在媒体上开辟专栏、专题，以多种形式宣传男女平等的基本国策和先进的社会性别意识；再次采取措施净化社会宣传、舆论环境，逐渐减少并最终杜绝文艺、广告媒体中对女性带有侮辱性、歧视性的报道，为"男女平等"这一基本国策的落实创造良好的社会环境。

在就业方面，当代社会应该营造宽松的社会生存环境。通过对两性分工的研究发现，劳动性别分工的再生产将优势就业机会分配给男性。传统分配资源的方式使男性攫取了更多非农就业机会。而从外出务工的时间看，男性外出务工的时间长于女性，并且失业率低于女性。我国在由传统的计划经济向市场经济转化过程中呈现出对女性的压迫，身体的压力、家庭内性别角色分工的压力和工厂制度的压力。在农村，劳动性别分工的模式成为了"男工女耕"，农村妇女已成为农业生产的主力军。特别是在欠发达的地区，这种格局不仅是传统的"男主外、女主内"的新形式，而且是农民为了摆脱贫困所采取的"一家两业"的措施，这样无疑使女性承担起更为沉重的责任，包括家庭责任、个人责任及社会责任，当然，在家庭中的劳动是无偿的，更被男性认为是天经地义的。

4. 文化教育环境

女性的文化教育程度极大地影响着社会的可持续发展进程，具体表现如下：

(1) 通过教育供给加强性别的社会性约束。不同经济发展水平地区的性别的社会性约束内容不同，应提供多元化的教育形式，满足女性教育需求。教育在性别的社会性约束中扮演着重要角色，鉴于我国女性各种条件的复杂性与多样性，应提供多元的培训、教育机构，使得在资源稀缺的情况下，处于不同环境条件的女性，方便找到相应的教育方式与渠道，满足对教育的需求。

(2) 通过需求拉动性别的社会性约束。提高女性教育回报率，激励女性教育投资。性别的社会性约束中对女性的歧视背后潜藏着深刻的经济根源，性别的社会分工很大程度上受到利益原则的诱使，所以，通过性别的社会性约束来促进可持续发展，就可以通过利益引擎来推动。制定针对女性的提高教育回报率的激励措施，通过影响预期收益或相应目标，为女性投资于自身教育提供激励。

(3) 协调性别的社会性约束。一从基层方面，发挥教师的主导作用。教师在传授与创造知识的过程中起着不可替代的主导作用，其行为直接关系两性平等的教育目标是否实现，决定男女平等的基本国策能否有效贯彻。二从管理方面，发挥政府的引导作用，营造先进的性别文化氛围。一方面对性别的社会性约束采取积极引导的态度；另一方面从制度出发，将无形的性别约束转化为具体的制度约束，强调两性之间的协调关系，为可持续发展的良性互动创造良好的社会环境。

妇女接受教育的程度对其职业选择、社会事务参与、社会资源分享等方面都有着十分重大的影响，因而教育领域中的性别平等是社会性别平等的基础。第一，文盲人数。在文盲群体的性别构成中，妇女占七成以上，且主要分布在贫困、少数民族和高原地区，一般来说，文盲所生子女接受教育的几率更低，文盲人口的大量存在不但影响自身，还影响下一代。因而扫盲工作有待进一步加强，妇女是扫盲的重点，也是难点。第二，识字率。联合国教科文组织资料显示，我国文盲人口中女性所占比例高于男性，但近几年提高的幅度较大，表明男女之间的差距正在缩小。第三，教育程度。基础教育中，国家实施九年义务教育，小学和初等教育基本普及，且地区差异不大，大致没有明显的男女差异。高中教育中，学生性别呈分化趋势，性别比例的不平衡使女性接受更高层次教育的空间变得相对狭小。高等教育中，女性整体接受教育的程度远低于男性。两性接受教育的程度和教育知识结构的不平衡，使女性在竞争中往往处于劣势，并最终影响女性在政治、经济、文化等方面的社会地位，乃至家庭地位。

在教育层面，尽管我国从《宪法》到《妇女权益保障法》等法律都明文规定保障女性受教育的权利，国家也采取相关措施努力提高女性的科学文化素质。但由于多种因素的制约，我国女性的受教育水平整体低于男性。

我们相信，随着性别平等和环境可持续发展研究的深化与国际间合作的日趋密切化，中国性别平等及其环境可持续发展的研究与实践将会获得长足的突破性进展。

◆◆◆◆◆ 学习思考题 ◆◆◆◆◆

1. 女性在可持续发展中有哪些重要作用？
2. 怎样理解性别平等与生态文明建设的关系？

3. 创建两性和谐发展的环境条件都有哪些？

 案例链接

1. "我需要学习性别"

"我需要学习性别。"这句话是中央电视台"半边天"主持人张越说的。《半边天》栏目是中央电视台唯一的女性栏目，她关注女性群体整体的生存状态与发展空间，并以独特的女性视角来观察、记录、探讨生活中的点点滴滴。节目通过讲述形形色色的女人故事来展现当代女性风采，维护女性权益，关爱女性健康，促进两性的相互沟通与理解。《半边天》栏目是中央电视台一个以性别特征定位的专栏，是一个国际社会关注的栏目。《半边天》栏目遵循男女平等的原则，逐步确定了"关注社会性别，倾听女性表达"的宗旨，明晰了维护女性权益，拓宽女性发展空间，提高女性生活品质，增进男女两性沟通的责任。

在一个把男女平等写进法律的社会主义国家，妇女享受了 60 多年"时代不同了，男女都一样"的平等待遇，原以为，在这样一个有关妇女问题的节目中，应该展现出来的都是两性之间的平等交流与和谐共处。可是，在采访中，张越清楚地看到中国女性还有许多问题没有解决。她开始思考这些问题。虽然每个人一出生就要面对性别问题，比如亲人对于自己性别的喜忧，穿的衣服、取的名字对性别角色的暗示和规范，这一切要伴随人的一生，但是很多人包括张越都没有意识到。她发现，性别问题隐藏在生活的所有细节中，盘根错节并且牢牢地制约着女性的成长和发展，于是张越无不感叹地说："我需要学习性别。"

学习性别，这是一件新鲜事，但也是现今社会一件刻不容缓的事。

2. 杰出女性雷切尔·卡逊与环境保护

每当提起环境保护和可持续发展时，人们总是不由得想起一位女性，在中外大量可持续发展的著作中她的名字被无数次提及，她就是美国学者雷切尔·卡逊。

雷切尔·卡逊在 1935—1952 年间供职于美国联邦政府的鱼类及野生生物调查所，这使她有机会接触许多环境问题。她撰写的生态学著作成为美国畅销书。1958 年她了解到由于飞机喷洒农药而导致鸟类消失的情况，就决定收集杀虫剂危害环境的证据。卡逊以她坚持真理的科学家的勇气，大胆地进行了客观的研究并作出彻底的结论，于 1962 年出版了《寂静的春天》一书，惊世骇俗地揭示农药危害环境的事实。在这本书的结尾，她写道："这些武器在被用来对付昆虫之余，已转过来威胁着我们整个大地，这真是我们的巨大不幸。"这本书一出版就招来了全国多方面的指责，人们不仅攻击她的书，而且对她本人进行了基于性别歧视的恶毒的人身攻击。最后美国政府介入了这场论战，并通过调查证实卡逊对农药潜在危害的警告是正确的，曾获诺贝尔奖的 DDT 和其他一些剧毒农药终于被停产和禁用。她的梦想曾经唤起了一个强有力的环境保护社会运动，从而改变了美国的历史进程，由此也使世界变得不同。

我们应该看到，雷切尔·卡逊的这本书及其所引起的论战是人类走上可持续发展之路的一座丰碑。

3. 布伦特兰夫人与可持续发展的提出

1983 年联合国环境与发展委员会成立时，一位杰出女性出任该委员会主席，她就是挪威前首相布伦特兰夫人。她带领该委员会经过四年艰苦的工作，完成了一份调查报告——《我们共同的未来》。

报告系统地研究了全人类所面临的重大经济、社会和环境问题，第一次正式提出可持续发展的概念，并给出了迄今为止比较权威的定义："可持续发展就是既满足当代人的需要，又不对后代人满足其需要的能力构成危害的发展。"报告指出，世界各国政府和人民必须从现在起对经济发展和环境保护这两个重大问题负起历史的责任。人们称赞这份报告对环境变化的问题作了透彻的分析，尤其重要的是，该报告成为全世界可持续发展的路标。当布伦特兰夫人在 1992 年联合国环境与发展大会上宣读这份报告时，受到与会的 180 多个国家和地区首脑的肯定和认同。从此，可持续发展战略成为全世界的共识，纳入 21 世纪人类行动议程。

可见，由环境运动引向可持续发展战略及可持续发展观的提出与女性有这样直接的关联，绝不是一种巧合，而是一种历史的必然。

附 录

社会性别理论在中国

一、性别、社会性别、社会性别主流化

1. 性别与社会性别

社会性别(gender)是相对于生理性别(sex)而产生的一个概念。

生理性别也称自然性别，是指男性和女性在生理上的差异，有时简称性别。例如女人能够产生卵子，男人能够产生精子，一般是不能改变的。

社会性别是指人们所认识到的男性与女性之间存在的社会差异和社会关系，即指在一个特定社会中，由社会形成的男性或女性的群体特征、角色、活动等责任。

例如，我国著名作家赵树理讲的故事。一个外村人到村里找人，他对着一户人家喊："家里有人吗？"家中的妻子回答："没人。"直到这个外村人情急之时问道："厕所有人吗？"妻子才回答："有人。"这一"有"一"无"的回答，反映了当时山西农村某些人对"人"的不同含义的认同，亦即对社会性别角色的看法。在一些人的心目中，丈夫才是"社会意义上的人或当家的人"，妻子只是"屋

子里面的人",不是外面或社会意义的人,这家的妻子也是这样认为的。

这些差异和关系会因各种具体社会形态和文化形态的不同而有所不同,且会随时间发生变化。

例如,挪威首相的布伦特兰夫人曾经讲过一个有趣的故事。她说,在挪威,一个 10 岁的男孩问他母亲:"妈妈,在咱们国家,男的能当首相吗?"也就是说,因为布伦特兰夫人连任了三届 15 年首相,从这个孩子出生起,就没见过男性当首相,所以孩子提出了这样的问题。而在另外一些国家,有的孩子可能提出截然相反的问题:"妈妈,在咱们国家,女的能当首相吗?"

20 世纪 70 年代末 80 年代初,欧美国家的一些学者提出了社会性别的概念,用来解释和分析人类历史上普遍存在的性别不平等现象。他们认为,社会性别制度是导致社会性别差异的根源,社会性别制度是与经济制度、政治制度、文化制度并存的制度。社会性别已经成为国际社会推动男女平等的一种理论、方法和视角,是与人口意识、环境意识并列的现代意识之一。

社会性别理论从分析两性关系入手可以发现社会关系和社会制度的根源和本质,从而将社会性别理论变成强有力的政治、经济和社会文化的分析工具。社会性别理论作为一种历史和文化的产物,它将随着社会的发展和变迁而不断变化和发展,如何运用它来指导鲜活的实践活动也应是一个不断探索的问题。

社会性别是消除性别歧视的基本手段。近年来中国学者在运用社会性别理论研究女性弱势地位的社会成因方面取得了重要成果。研究发现,我国女性处于弱势社会地位的原因包括历史的惯性、封建思想观念的根深蒂固、家庭的差别对待、社会的偏见与歧视,特别是体制的障碍等等。

2. 社会性别主流化的提出

社会性别主流化，也称把社会性别意识纳入社会发展和决策的主流的提法，最早反映在 1985 年第三次世界妇女大会通过的《内罗毕战略》中，集中反映在 1995 年第四次世界妇女大会通过的《行动纲领》中。《行动纲领》明确了社会性别主流化，并将以此作为实现两性平等的一项全球性策略。这一概念强调，我们必须确保两性平等是一切经济社会发展领域的首要目标。

1997 年 6 月，联合国经社理事会通过一致结论，即把性别问题纳入主流是一个过程，它对任何领域各个层面上的任何一个计划行动，包括立法、政策或项目计划对妇女和男人产生的影响进行分析。它是一个战略，把妇女和男人的关注、经历作为在政治、经济和社会各领域中设计、执行、跟踪、评估政策和项目计划的不可分割的一部分来考虑，以使妇女和男人能平等受益，不平等不再延续下去。它的最终目的是达到社会性别平等。

逐渐消除社会性别歧视，实现社会性别平等和社会性别公正，是社会性别主流化的重要目标。社会性别主流化本身并不是一个目标，而是实现社会性别平等的一种手段。当男女有一方处在极其不利的位置时，主流化就会成为有性别区分的活动和平等权利行动。有性别区分的干预对象可以全部是女性，或男女都有，或全部是男性，该活动使他们有能力参与发展活动，并从中获益。这只是必要的临时措施，来消除过去性别歧视所带来的直接和间接的影响。

主流化并非是在现存的行动中加入"妇女成分"或"两性平等成分"，也非仅限于提高妇女的参与度，它的意思是把男女双方的经验、知识和利益应用于发展议程。这个概念还有一层含义，即明确认识上述议程变化的必要性。它可能要求在目标、策略和行动上做出变化，使男女都能参与并影响到发展过程，获取利益。社会性别主流化的目标是改变不平等的社会和体制结构，使之对男女双方都平等和公正。

3. 社会性别角色

社会性别角色是指在某一既定社会、社区或人群中，被人们所认为的男性或女性的行为。社会性别角色描述哪些活动、任务和职责被视为男性行为，哪些被视为女性行为。例如，男性被认为是主要的养家人，而女性被认为是主要的家庭照顾者，次要的养家人。社会性别角色在每个社会中被固定和强化了，变成人们的一种社会期待，一种性别的人只能干什么，不能干什么，这就是社会性别角色定型。这种社会性别角色定型往往是不自觉的。社会性别角色虽然被社会定型强化了，然而它能够并且确实发生变化，而且比人们关于男人或女人应该干什么或不应该干什么的观念变化得更快。社会性别常常在社会制度(如文化、资源分配、经济体制等)中以及个人社会化的过程中得到传递和巩固。社会性别角色和意识是一个社会化的过程。

传统的社会性别观念和行为限制了男女两性(不仅仅是女性)生存和发展的空间，社会性别问题不仅是女性的问题，而且是男女两性的问题。《消除对妇女一切形式歧视公约》关于"对妇女的歧视"定义："指基于性别而作的任何区别、排斥或限制，其影响或目的均足以妨碍或否认妇女不论已婚未婚在男女平等的基础上认识、享有或行使在政治、经济、社会、文化、公民或任何其他方面的人权或基本自由。"但是，"为加速实现男女事实上的平等而采取的临时特别措施"和"为保护生育而采取的特别措施"不得视为歧视。

歧视是一种普遍的社会现象，它以各种不同的形式存在着，有直接的，也有间接的；有形式上的、也有实质上的；有显性的，也有隐蔽的；等等。随着反歧视努力的深入，人们对歧视存在形式和本质的认识越来越深刻。歧视主要存在三种类型：直接歧视、间接歧视和制度歧视。

二、社会性别研究的发展

1. 妇女研究在中国的发展

妇女研究在中国经历了两个高峰：二十世纪二三十年代的妇女研究和新时期也就是新中国成立以来的妇女研究。妇女研究是社会性别研究的奠基学科，妇女史在中国的发展也是一部中国性别研究的历史。从新文化运动引发的思想启蒙和召唤社会革命，到革命低潮引发的社会改良运动，再到民族救亡运动的兴起，妇女运动也从以解放妇女的"妇女受压迫——妇女解放"模式发展到"妇女问题——问题改良"模式，再到将妇女视为一种力量投入救亡的"妇女英雄——妇女贡献"模式。这三种研究分别反映出妇女研究的三种倾向：首先是长期以来妇女受压迫导致出现的第一种声音——呼唤革命，其次是诸多的妇女问题引起人民对此的关注从而引发改良社会的呼声，再次是宣扬妇女同男性一样有能力为社会做出贡献。

新中国成立以来的妇女研究有着鲜明的特点：一方面是1949年新中国刚成立时认为妇女解放已经实现，妇女研究已经没有太大的现实必要，却也偶尔从历史中寻找著名妇女的贡献；另一方面是改革开放以后妇女研究有了新的发展，尤其是在二十世纪八十年代中期形成了一定规模，妇女研究在这一时期表现的相当活跃。有以妇女研究为背景的妇女史研究，目的是为妇女研究提供历史的背景，也为妇女研究探索有效的策略和途径，社会史中的妇女研究则侧重于婚姻家庭等方面的研究，妇女运动史侧重于在中国革命的道路上妇女运动为中国革命所作出的杰出贡献。

社会史研究妇女主要是把妇女看作社会变量的一种，甚至因为研究者学科背景的不同而在研究兴趣、理论和方法方面有着明显差异。比如以历史学科为背景的研究者对妇女史学科化和理论化建设兴趣不大，只是偶尔为之，社会史、教育史则很少进行性别分析。

综上所述，我国新时期妇女研究与西方的一个重要的不同之处在于缺乏一种由民间的妇女运动所牵动的理论需求。从研究人员和成果来看，我国妇女研究的人员和成果远远不能适应妇女研究和历史学科发展的需要，由于缺乏新的观察和解释"妇女"和"性别"这些特定的社会群体现象的关系运动的手段和武器，而既有的概念范畴理论方法远远不够，这不但限制研究视野的扩大，更使我们无法开拓出更深刻的认识、理解和阐释的层面。另一方面缺乏对国外妇女史学理论的了解，对传统性别文化中的本质论缺乏必要的警惕，我们的性别观和历史观难免陷入老套的陷阱，陷入中国传统的乾坤阴阳刚柔内外的成说。在中国的妇女研究中，探讨最多的是妇女的地位问题，经常使用的"妇女地位"又分为"妇女状况"和"社会地位"。母权时代妇女的地位高，男性受到压抑；进入男性中心社会，女性地位低下，特别是理学兴起后，妇女更苦难深重，尤其是礼教严格时期女性受束缚地位自然低，礼教松弛、民族混杂的时代妇女生存的自由度大而地位高。

要想将妇女史研究向学科化推进一步，就需我们在认真总结以往经验的基础上，引进"他山之石"，把国外一些先进的研究方法和研究模式引入中国妇女性别的研究过程中，结合我国历史上妇女的具体经历和实际特点，确定自己的研究方向、理论范畴和研究方法。

2. 社会性别平等在当代中国的状况

促进性别平等和妇女赋权是实现可持续发展重要途径的观点正在被世界广泛接纳。1995 年，中国政府提出了男女平等基本国策，并承诺："确保在我们所有的政策和方案中体现性别观点。"10 年来，我国的妇女发展事业取得了长足的进步。但当我们在构建和谐社会的进程中，关注到社会发展中的种种不协调现象时，也看到了两性不协调发展中的种种表象：妇女就业和经济收入状况不佳、女性的人身和健康权益存在不足、妇女参政水平和程度徘徊不前、性别发展指数和性别赋权指数在国际排位靠后。

近 20 多年来，我国的出生人口性别比持续升高失衡，是当代中国性别不平等的突出表现之一，不仅影响女性(孩)的基本权利，更影响社会稳定、和谐发展。2003 年 8 月，国家人口计生委启动"关爱女孩行动"(旨在宣传倡导性别平等，建立有利于女性(孩)的良好生存发展环境，遏制出生性别比不断恶化状况)，建立了 24 个国家级试点县以探索治理出生人口性别比失调问题。2006 年 12 月 17 日，中共中央国务院出台了《关于全面加强人口和计划生育工作统筹解决人口问题的决定》，其中一个重要内容就是"综合治理出生人口性别比偏高问题"。这些充分体现了我国政府履行人口发展战略和综合治理人口性别结构问题的职责和决心。2005 年全国 1% 人口抽样调查结果显示，出生人口性别比是 118.58：100，依然超出了正常值域。

三、社会性别研究的方法和特点

女性学研究方法的发展是女性学学科建设的一个重要内容。女权主义致力于妇女获得与男人平等的权利。它以向传统学科中的性别歧视、男性霸权的批判为突破口，批判了价值中立的思想，将其归结为父权制文化所隐含的二分法的认识论。这种批判推动了社会科学知识的发展。但从女性学学科建设的实际情况来看，女性学研究方法明显地处于相对滞后的状态。除了韩贺南、张建和刘霓在她们编著的女性学教科书中开设专章叙述研究方法以外，其余的一般不涉及或者很少涉及女性学的研究方法。女性学在研究方法方面的学科成熟和发展还任重而道远。

1. 女性主义的方法论

社会研究的方法是收集、研究资料的各种技巧。而方法论是关于应该如何进行研究的理论、原则，它包括研究的立场、视角、基本观点、原则以及程序等。在社会学中，有实证主义方法论、解释学方法论、批判方法论以及马克思主义方法论等。女性主义的方法论是什么呢？

著名女性主义者哈丁认为："女性主义研究的与众不同之处就在于它的方法论和知识论，其中包括三个特征：以女性的经验作为社会分析的来源；研究的目的是为女性说话；把研究者和研究主题放在同一个批判的平面上。"但是不同女性主义者的方法论观点也是不同的。

如果说女性学是于 20 世纪 70 年代初首先在美国兴起的话，那么与之一起出现的女性学研究方法已有了 30 多年的发展历程。在这不是很长的发展历史中，女性学研究方法却经历了几个重要的转折，显示出日趋成熟的学科成长态势。

从妇女运动发展而来的女性学学科建设使过去主要侧重于对妇女运动的舆论宣传和经验总结转化为一场在方法论上的革命，这就是女权主义、女性主义以及后续的社会性别理论视野和分析框架被引入到对女性问题的研究中来。这些自称为"不守规矩的知识"首先拒绝和否定由男性一手建构起来的包括方法论和研究方法在内的知识体系，认为这些男性化知识饱含着对女性的性别歧视，是男人用来束缚和愚弄女性的精神武器。其次，为了转变女性长期被"书写"、她们的声音和诉求一直被忽视、她们不能对生存状态给出自己的解释的状况，女性主义学者反对"价值中立"的传统研究原则，强调"所有的知识都是由社会参与建构的，饱含价值观念，夹带着偏见，反映产生它的文化的利益并为之服务"，鼓励对研究过程进行积极的女性价值介入和经验参与。最后，女性主义学者还希望对男性知识体系进行解构和颠覆，对以往的人类知识进行重写和重建，以至于用一个全新的女性知识体系来全面替换现有的由男性一手制作的知识架构。在具体研究方法使用上，带有明显的女性研究人员介入式的解释主义和质性研究方法完全取代了实证主义和定量研究方法，女性的主观意识、情感和经验在解释女性生存状态和性别问题的作用得到了前所未有的提升。

以上的分析为我们总结女性学研究方法的特点提供了很好的依据。概括起来，女性学研究方法具有四个重要的特点，需要我们在女性学学科建设和女性问题研究中加以坚持和实践。

第一，从研究方法层面来看，兼顾方法论的坚持和具体方法的使用，但以坚持社会性别的方法论为先。

方法论是指建构一个理论或一个分析框架的哲学思考和认识。对于女性学研究人员来说，在摆脱传统男性哲学影响的同时，还要树立社会性别的哲学思想方式，确实把社会性别引入到建构理论体系和分析框架的整个过程中去。有了社会性别这一至关重要的方法论原则作为先导，我们就会自觉地从女性学的学科角度选用合适的研究步骤和分析手段，让具体方法及其应用真正地与我们的社会性别分析框架保持一致，进而为实现我们的研究目的提供有效的方法服务和支持。所以，女性学的研究方法是社会性别方法论和相应的具体研究方法的统一，女性学研究方法的应用是在社会性别哲学思想方式指导下的具体研究方法的使用。任何把二者割裂开来，或者脱离社会性别哲学思想指导的研究方法都不是真正意义上的女性学研究方法。

第二，从收集资料来看，兼顾描述是怎么样和解释为什么这样，但以解释为什么这样为重。

在传统的男性研究话语当中，搜集资料过程中的描述是怎么样和解释为什么这样是分开的，是由不同的人来完成的，被调查对象一般承担提供资料和描述是怎么样的任务，而解释为什么这样往往由研究者本人负责。所以，在过去对女性的调查研究中，女性总是处于被动的、受他人操纵的地位，她们只能按照男性研究人员预先设计好的问题提供生活事实，而不能讲述更多她们更关心的情况，更没有机会和权力对所提供的材料给出自己的分析和解释。女性学收集资料的研究方法就是要改变这种描述是怎么样和解释为什么这样彼此分离的状态，让被访问的女性成为调查过程的主体，她们想说什么就说什么，她们想怎么说就怎么说，她们不仅如实提供自己的生存状况，而且更为重要的是还对生存状况给出自己的解释。对于女性学的研究目的来说，让被访谈的妇女解释为什么这样尤其重要，一方面与描述是怎么样相比，解释为什么这样才是真正的目的；另一方面让被访问妇女作为主体参与调查研究的整个过程是对她们的尊重，而她们自己的解释比起他人的分析更不容易出现偏差，也更符合她们的生活实际。

第三，从分析手段来看，兼顾实证或定量分析和解释或质性研究，但以解释主义的质性研究为主。

注意实证或定量分析和解释或质性研究的有机结合，不仅有利于提高女性学研究的科学性和权威性，而且还有助于进行学科和学者之间横向的交流，所以，从长远发展来看，应该走相互结合的研究方法之路。但是，在男性政治和知识权势还相当强大的情况下，为了能够把社会性别的哲学意识贯穿到具体的研究过程，为了让更多的女性用她们自己的声音叙说和解释她们的社会经历，使用解释主义的质性研究方法要比实证或定量分析手段更为重要。其实倡导更多地使用解释主义的质性研究方法还意味着对擅长实证或定量分析方法女性学者的一种提醒，也就是在收集什么资料、如何收集资料、怎样分析资料时不要忘了女性主义的性别立场和社会性别的哲学思想。与此同时，在面对男性学者的实证或定量研究成果时，也能保持相应的社会性别警惕，并在必要的时候给予批评或批判。

第四，从研究方法发展来看，兼顾多学科吸收和跨学科创新，但以发展跨学科的研究方法为首。

相对于女性学，其他学科都有一个漫长的发展历史，也都有比较丰富的关于本学科研究方法的知识积累，在社会性别分析框架下对这些研究方法的吸收，不仅可以丰富可供我们使用的研究方法资源，弥补女性学在研究方法方面的暂时不足，而且还可以加强学科合作，繁荣对女性问题的研究。然而，这种多学科性的研究方法吸收和使用毕竟带有较强的学科属性，当使用的研究方法不能很好地与社会性别分析思路结合起来时，其研究成果就可能变为女性社会学、女性经济学等其他学科的延伸，而不能成为女性学的学科内容。即使是比较完美的结合，其研究产出也只能是女性学和其他学科的双学科或多学科的合作结果。所以，要真正形成和增加我们女性学自己的研究方法资源，就必须把跨学科的研究方法的改造和创新摆在首位，也只有这样我们的女性学才能够在理论和方法上独立和强大起来，才能够摆脱对其他学科研究方法的依赖，才能够彻底地消除被边缘化的危险。从这个意义上说，对各学科研究方法进行跨越学科的改造和融合，进而构建一套我们自己的研究方法体系，是涉及我们女性学生存和发展的一件大事。

2. 实现社会性别主流化的步骤和机制

1995 年以来，联合国各成员国及相关国际机构，在履行社会性别主流化方面取得了丰富的经验。

在国际一级：联合国系统和国际社会把对社会性别平等问题的关注融入每个机构考虑事项和工作的各个方面，使对社会性别的关注成为一个机构中所有人的责任，并保证将其纳入所有的体系和工作中去，以使女人和男人平等受益。例如：UN 妇女的成立。

在国家一级：在欧美发达国家，社会性别主流化已经成为这些国家促进性别平等的国家战略，如加拿大、芬兰、瑞典、西班牙等。在儒家文化传统的日本、韩国，社会性别主流化也有重要影响，如日韩劳动参与率的标准。

在中国：中国政府是世妇会后承诺社会性别主流化的 49 个国家之一。中国政府把男女平等作为社会发展的基本国策。

实现社会性别主流化的步骤：

- 明确而坚定的政治承诺和责任意识；
- 机构设置和人员配置(包括人员的能力建设)；
- 社会性别统计；

- 社会性别分析；
- 制定双头的社会性别平等政策、法律、项目；
- 贯彻双头的社会性别平等政策、法律、项目；
- 社会性别预算；
- 社会性别评估；
- 社会性别审计；
- 社会性别任责制。

根据联合国提高妇女地位司司长卡罗琳·汉南女士的表述，整个联合国系统都有责任实行主流化策略，并且还是各机构的最高责任。其他原则有：

- 需要为监督过程建立充分的责任体系。
- 一切工作部门的事宜和问题首先应该是寻找出性别差异。
- 不应在做出这种论断，即从两性平等角度出发事宜和问题都是中立的。
- 应该继续开展性别分析。
- 把这一概念应用于实践时，清楚的政治意愿和对足够纳入主流资源的明确分配——如有必要还包括额外的财政和人力资源——是十分重要的。
- 社会性别主流化要求在各个层次的决策制定中都要努力拓宽妇女的参与面。
- 主流化并非取代对目标具体、专门针对妇女的政策项目和具有积极意义的立法的需求；也不是废除对协调中心和妇女事务单位的需求。

3. 社会性别研究的发展方向

近十年来，众多国内外高校教师积极推动发展、建设全新的妇女与社会性别课程，据统计，全国约有近百所大学开设了妇女学课程。

迄今为止，这些研究与发展却并未得到主流学界的认可，妇女学者的"社会性别主流化"仍在高等教育界的边缘徘徊，妇女学和社会性别研究要想在中国得到长足发展，学科化、体制化迫在眉睫。

从妇女学在美国高校的发展历史来看，妇女学在高校学科化，建立自己的系、所，培养自己的硕士生和博士生，对妇女和社会性别学科建设意义重大。其中，作为妇女研究重镇的密歇根大学，他所采取的相关学科与妇女学系共同培养博士研究生的模式，因为易于向传统高等教育体制和传统学科渗透融合，也显得更有活力。中国的高等教育领域，妇女研究经过近三十年的发展，类似"妇女研究中心"的机构在各地各高校随处可见，但绝大多数以课题研究和妇女维权为主要任务，并不参与社会实践和高校课程改革，教育体制与传统学科设置使得课程难以全面规划，在各校开设的妇女学课程缺乏体制支持。"妇女学"和"女权主义学术"引以为豪的创新性、挑战性也大打折扣。

师资力量的缺乏也难以满足各地高校学生对这一新兴知识领域的渴求。以社会性别理论为框架的各类学术研究尚未进入中国的人文社科学术领域主流，即使在冠名为"妇女学"或者"女性学"的课程中继续制作女性气质、延续性别不平等的课程、写作还很有市场，即便是那些想用新的理论、方法来进行变革的学者，也处于无所适从的挣扎中，中国的妇女学和社会性别学科发展需要有一批有着扎实学术基础和全球视野的学者来担当重任。

近年来全国各地掀起的编辑、出版妇女与社会性别课程教材的高潮，这些教材对于推进高校妇女研究起到了积极作用，但是我们也应该清醒地看到，这些教材多停留在对基本理论的介绍上，对于国际学界近几年的学术研究成果少有涉及，教材不仅影响着教学的成败，同时还必将影响到妇女学在高校的发展前景。

　　基于对当下国内妇女研究学科建设的反思，光靠"本土化"常显得底气不足，将国际社会中的女权主义引入课程阅读和课堂讨论，已经是一些学者意识到的问题。我们清醒地看到，妇女建设任重而道远，在中国高等教育体制、内容发生急剧变化的当下，也正是妇女学科进入中国教育主流的契机。

参 考 文 献

[1] 习近平. 在妇女与可持续发展国际论坛开幕式上的致辞. 2011 年 11 月 09 日.

[2] 胡锦涛. 在纪念"三八"国际劳动妇女节 100 周年大会上的讲话. 2010 年 3 月 07 日.

[3] 陈至立. 在全国妇联纪念改革开放 30 周年座谈会上的讲话. 2008 年 12 月 22 日.

[4] 宋秀岩. 《中国妇女发展纲要(2011—2020 年)》学习辅导读本[M]. 北京：中国妇女出版社，2013.

[5] 刘伯红. 社会性别主流化读本[M]. 北京：中国妇女出版社，2009.

[6] 岳素兰，魏国英. 女性人力资源与开发[M]. 北京：北京大学出版社，2012.

[7] 魏国英，王春梅. 教育，性别维度的审视[M]. 上海：学林出版社，2007.

[8] 强海燕. 中外女性教育发展与比较[M]. 西安：陕西人民出版社，2002.

[9] 王淑兰. 中国女大学生发展与教育[M]. 西安：陕西人民出版社，2000.

[10] 郑新蓉. 女性与教育[M]. 北京：教育科学出版社，2005.

[11] 全国妇联国际部. 联合国妇女儿童重要文件汇编[M]. 北京：中国妇女出版社，2008.

[12] 谭琳. 略论先进性别文化的构建[J]. 中共中央党校学报，2010(3).

[13] 李慧英. 社会性别与公共政策[M]. 北京：当代中国出版社，2002.

[14] 李伯重. 问题与希望：有感于中国妇女史研究现状[J]. 历史研究，2002(06).

[15] 周莉萍. 西方女性主义思潮与美国妇女史研究[J]. 赣南师范学院学报，2004(05).

[16] 亦平. 美国的中国妇女史研究近况[J]. 中国典籍与文化，1994(03).

[17] 高世瑜. 关于妇女史研究的几点思考[J]. 历史研究，2002(06).

[18] 韩红华. 英国妇女史研究之佳作：评《现代英国社会中的妇女形象》[J]. 苏州科技学院学报(社会科学版)，2006(02).

[19] 荣颂安. 七十年代以来国外妇女史研究动向[J]. 国外社会科学，1986，(10).

[20] 许曼，易素梅. 唐宋妇女史研究与历史学国际学术研讨会综述[J]. 历史研究，2002(02).

[21] 李贞德. 中国妇女史研究中的医疗照顾问题[J]. 四川大学学报：哲学社会科版，2005(02).

[22] 赫夫顿，井力. 英国妇女史研究概况[J]. 国外社会科学文摘，1985(05).

[23] 赫夫顿，戈登，王建华. 历史分支学科论坛：什么是妇女史[J]. 国外社会科学文摘，1985.

[24] 艾晓明. 女性主义思潮导论[M]. 武汉：华中师范大学出版社，2002.

[25] 刘建中，孙中欣，邱晓露. 社会性别概论[M]. 上海：复旦大学出版社，2012.

[26] [美]罗伯特·F.墨菲. 文化与社会人类学引论[M]. 北京：商务印书馆，1991.

[27] 陆有铨，潘艺林一. 21 世纪的行动：增强大学的批判功能[J]. 教育发展研究. 1999(3).

[28] [美]科恩. 民主论[M]. 北京：商务印书馆，1994.

[29] 左鹏. 大学生选民的选举心态和选举行为：北京市区县人大代表换届选举为例[J]. 青年研究，2007(9).

[30] 张邦辉，朱建玲，黄开腾. 和谐社会视野下的政治参与[J]. 理论导刊，2007(4).

[31] 徐代. 边缘叙事:20 世纪中国女性小说个案批评[M]. 上海:学林出版社，2002.

[32] 盛英. 二十世纪中国女性文学史[M]. 天津：天津人民出版社，1995.

[33] 屈雅君. 执著与背叛：女性主义文学批评与实践[M]. 北京：中国文联出版社，1999.

[34] 王政，杜芳琴. 社会性别研究选译[M]. 北京：三联书店，1998.

[35] [法]皮埃尔布尔迪厄. 男性统治[M]. 深圳：海天出版社，2000.

[36] 勃洛尼斯拉夫·马林诺夫斯基. 两性社会学[M]. 上海：上海人民出版社.

[37] 王金玲，林维红. 性别视角：文化与社会[M]. 北京：社会科学文献出版社，2009.

[38] 王金玲，林维红. 性别视角：生活与身体[M]. 北京：社会科学文献出版社，2009

[39] 韩赫南，张健. 新编女性学[M]. 北京：首都经济贸易大学出版社，2010.

[40] 米迪斯·巴特勒，郭劫译. 消解性别[M]. 上海：上海三联书店，2009.

[41] 曹晋. 媒介与社会性别研究：理论与实例[M]. 上海：上海三联书店，2008.

[42] 刘思谦，屈雅君. 性别研究：理论背景与文学文化阐释[M]. 天津：南开大学出版社，2010.

[43] 朱丽亚·T·伍德. 性别化的人生：传播、性别与文化[M]. 广州：暨南大学出版社，2005.

[44] 祖伦. 女性主义媒介研究[M]. 桂林：广西师范大学出版社，2007.

[45] 刘明辉，刘小楠，张荣丽. 社会性别与法律[M]. 北京：高等教育出版社，2012.

[46] 陈明霞，黄列. 性别与法律研究概论[M]. 北京：中国社会科学出版社，2009.

[47] 孙文凯. 法律与性别分析[M]. 北京：法律出版社，2009.

[48] 李傲. 性别平等的法律保障[M]. 北京：中国社会科学出版社，2009.

图书在版编目（CIP）数据

社会性别教育/金沙曼主编. —西安：西安电子科技大学出版社，2015.1
（女性素质教育系列读本）

ISBN 978-7-5606-3586-6

Ⅰ. ① 社… Ⅱ. ① 金… Ⅲ. ① 女大学生—男女平等—教育研究
Ⅳ. ① G645

中国版本图书馆 CIP 数据核字(2014)第 313416 号

策　　划　李惠萍
责任编辑　李惠萍　　何飞燕
出版发行　西安电子科技大学出版社(西安市太白南路 2 号)
电　　话　(029)88242885　88201467　　　邮　编　710071
网　　址　www.xduph.com　　　　　　电子邮箱　xdupfxb001@163.com
经　　销　新华书店
印刷单位　陕西天意印务有限责任公司
版　　次　2015 年 1 月第 1 版　　2015 年 1 月第 1 次印刷
开　　本　850 毫米×1168 毫米　1/32　印　张　5.25
字　　数　126 千字
印　　数　1～3000 册
定　　价　11.00 元

ISBN 978-7-5606-3586-6/G

XDUP 3878001-1

如有印装问题可调换